W0110492

Pavillon im Topkapı-Palast

 Süleymaniye Camii
Die größte Moschee
İstanbuls und gleichzeitig
ein Triumphbogen Süleymans
des Prächtigen (Seite 34)

 Blaue Moschee
Vis-à-vis der Hagia Sophia ist
die prächtige Blaue Moschee
die Antwort der muslimischen
Architekten auf die christliche
Herausforderung (Seite 35)

 Arnavutköy
Schöne alte osmanische
Holzhäuser in einem Dorf
am Bosporus (Seite 39)

 Archäologisches Museum
Auf engstem Raum der
berühmte Alexandersarkophag
und wertvolle Schätze aus
der Antike (Seite 43)

 Salı Pazarı
Auf dem größten Wochen-
markt der Stadt gehen
vor allem die İstanbuler
einkaufen (Seite 65)

 Pera Palas
Nostalgisches Hotel, das
an die besten Tage der
Pera erinnert (Seite 69)

Erhaben: Süleymaniye Camii

 Hayal Kahvesi
Im Sommer eine Open-Air-
Disko, wie man sie nur in
İstanbul finden kann –
direkt am Bosporus (Seite 80)

 **Bootsfahrt über
den Bosporus**
Vom Schiff aus erleben
Sie İstanbul in seiner
ganzen natürlichen und
architektonischen Pracht
(Seite 89)

 Prinzeninseln
Nach der Hektik der Stadt
eine Oase der Ruhe, die
man bequem in einer guten
Stunde erreicht (Seite 92)

 Die Highlights sind in der Karte auf dem hinteren Umschlag eingetragen

INHALT

Die wichtigsten
MARCO POLO Highlights

Sehenswürdigkeiten, Orte und Erlebnisse, die Sie nicht verpassen sollten

 Galata-Turm
Von hier aus hat man einen herrlichen Überblick über die verwinkelte Geografie der alten Stadt (Seite 20)

 Großer Basar
Eine schier unerschöpfliche Fundgrube – vom orientalischen Schnäppchen bis zur wertvollen Antiquität (Seite 21)

 Yerebatan Sarayı
Das versunkene Schloss ist die größte Zisterne İstanbuls – ein Säulenwald unter der Stadt (Seite 25)

 Topkapı-Palast
Von hier aus wurde jahrhundertelang das Osmanische Reich regiert – der Palast war Wohnort des Sultans, Harem und Schatzkammer zugleich (Seite 27)

 Hagia Sophia
Einst größte Kirche der Christenheit und heute Museum, ist die Hagia Sophia eines der eindrucksvollsten Kulturdenkmäler überhaupt (Seite 30)

 Chora-Kirche
Die frühere byzantinische Kirche bewahrt die am besten erhaltenen sakralen Mosaiken der Stadt (Seite 33)

Kuppel mit verschlungenen Mustern in der Blauen Moschee

Entdecken Sie İstanbul!

**Annäherung an ein Phänomen:
die einzige Stadt der Welt,
die sich über zwei Kontinente erstreckt**

Es ist ein einmaliges und unvergessliches Schauspiel: am frühen Abend, auf einer Dachterrasse über dem Bosporus, einen guten Kaffee auf dem Tisch, langsam die Sonne im Goldenen Horn versinken zu sehen. Wenn das Wasser, wie der Name behauptet, einen goldenen Schimmer bekommt, die Silhouetten der Hagia Sophia, der Blauen Moschee und des alten Sultanpalastes in der Dämmerung verschwimmen und sich aus dem Marmarameer ein Ozeandampfer in den Bosporus schiebt. Jede große, jede berühmte Stadt zeichnet sich durch eine unverwechselbare Erinnerung aus: In İstanbul ist es der Sonnenuntergang vor einer einmaligen geografischen und historischen Kulisse.

Die alte, zwar etwas heruntergekommene, aber immer noch wunderschöne Dame İstanbul müssen Sie mit einem liebenden Auge betrachten, um ihr Chaos ertragen zu können. Zugegeben, man verliert leicht den Überblick – zum einen wegen der schieren Größe, zum anderen, weil İstanbul planlos

Legendäres Sammeltaxi: dolmuş

der Laune seiner inzwischen auf 12 Mio. angewachsenen Bewohner überlassen wurde. Die Verwirrung wird auf den ersten Blick durch die geografische Lage noch verstärkt. Wenn Sie auf einen der sieben Hügel, auf denen die Stadt erbaut wurde, hochgeklettert sind und zwischen den Häusern das Wasser aufblitzen sehen, fragen Sie sich zunächst ratlos: Schaue ich nun auf das Marmarameer, das Goldene Horn oder den Bosporus? Dabei wird İstanbul gerade durch das Meer geordnet. Es trennt die Stadt in einen europäischen und einen asiatischen Teil und macht sie damit einzigartig. Am Goldenen Horn auf der europäischen Seite haben rund 700 Jahre v. Chr. Späher der griechischen Seemacht Megara an

*Ortaköy Camii: Moschee
im spätosmanischen Stil*

Die Bosporusbrücke verbindet die Stadt auf zwei Kontinenten

diesem für die Kontrolle der Schifffahrt strategisch so günstigen Ort
die Siedlung Byzanz gegründet, deren Nachfahre sich heute entlang
des Bosporus schlängelt und seine
Fühler bis an die Ufer des Schwarzen Meeres ausstreckt.

Deniz, das Meer, prägt İstanbul
in jeder Hinsicht: Seine manchmal
mehrmals täglich wechselnden
Winde kennen am besten die Fischer. Mit den Strömungen ziehen
abwechselnd die See-
barsch- oder Sardi-
nenschwärme durch
die Meerenge. İs-
tanbuler lieben den
poyraz aus dem Nord-
osten und hassen den *lodos* aus
dem Süden – bei *poyraz* wird es
zwar etwas kühl, aber die Luft wird
so rein, dass jedes kleine Detail am
gegenüberliegenden Ufer sichtbar
wird. Bei *lodos* hingegen strömen
schlagartig Wärme, Regen, Nebel
und Smog herbei.

İstanbul ist ein Meister darin,
nicht nur Physisches, sondern auch
Geistiges immer wieder miteinander zu verbinden und zu versöh-
nen. Hier erleben Sie eine weltweit
einmalige Synthese aus Orient und
Okzident. Moderne Shopping Malls
neben jahrhundertealten Basaren,
Hochhäuser zwischen altosmani-
schen Holzhäusern, Minirock neben Schleier – nirgendwo wird der
Westen im Osten so sichtbar wie
hier. Bereits auf der
halbstündigen Fahrt
von Europa nach
Asien bekommen Sie
einen Eindruck von
der Vielfalt und atem-
beraubenden Mischung, die İstan-
bul zu bieten hat. Es genügt, den
Kopf ein wenig zu wenden, um
vom jahrhundertealten Sultanssitz,
dem Topkapı-Palast, mit der darüber thronenden Hagia Sophia und
einem ganzen Wald von Minaretten als eindrucksvoller orientali-

> **İstanbul wird
> vom
> Meer geprägt**

scher Kulisse nur wenige Kilometer entfernt die Bürotürme von Levent in den Blick zu bekommen. Die 1973 zum 50. Jahrestag der türkischen Republik gebaute Erste Hängebrücke über den Bosporus ist ein weiteres Wahrzeichen der Moderne – wenige Kilometer entfernt der hübsche Leanderturm im Meer, der angeblich gebaut wurde, um die Lieblingstochter eines Sultans vor einer bösen Prophezeiung zu retten.

> **Hier leben Menschen aus aller Herren Länder**

Weit größer als İstanbuls architektonische Vielfalt ist jedoch der bunte Mix seiner Bewohner. Über Jahrhunderte ist die Nase zwischen Bosporus und Marmarameer immer wieder von neuen Gruppen besiedelt, erobert und geprägt worden. Griechen und Römer, Perser und Kreuzritter, Tataren und Türken haben ihre Spuren hinterlassen. Aus allen Teilen des ehemaligen Osmanischen Reiches leben heute Nachkommen früherer Untertanen in İstanbul. Seit byzantinischen Zeiten gibt es Niederlassungen der Venezianer und Genuesen. Die Nachfahren der 1492 aus Spanien vertriebenen sephardischen Juden versuchen es mit Mühe, ihre alte Kultur beizubehalten.

Die verbliebenen 35 000 Juden İstanbuls wurden im November 2003 durch zwei Anschläge auf ihre Synagogen tief erschüttert. Betroffen waren die Neve-Shalom-Synagoge in der Büyük Hendek Caddesi am Galata-Turm und die Beth-Israel in Sisli. Innerhalb derselben Woche wurden zwei weitere Anschläge auf das britische Konsulat in Beyoğlu hinter dem Fischmarkt sowie eine Investmentbank

in Levent verübt. Die sechs jüdischen Opfer wurden – in türkische Fahnen gehüllt – mit einem Staatsakt beerdigt. İstanbul konnten die Terroranschläge nicht einschüchtern – das quicklebendige, junge, kosmopolitische Stadtleben blieb bis heute erhalten.

Was İstanbul heute am meisten prägt, ist nicht die Zahl der Einwohner, sondern ihr anatolischer Charakter. Vier von fünf Einwohnern sind erst in den letzten dreißig Jahren aus allen Teilen des Landes in die Stadt gekommen. Noch Mitte der 60er-Jahre lebten hier nur 2,5 Mio. Menschen, und der größte Teil des heute dicht bebauten asiatischen Ufers bestand aus Sommerhäusern im Grünen oder war Wald und Weideland. Auch auf der europäischen Seite wucherte die Stadt vom Meer weg nach Norden mit Stadtvierteln, die mehr an anatolische Dörfer erinnern als an eine moderne Stadt. Weil Neuankömmlinge sich immer an diejenigen hielten, die aus ihrem Dorf bereits da waren, wurde İstanbul zu einem Mikrokosmos der Türkei. So drohte diese Masseneinwanderung zeitweilig den Charakter İstanbuls völlig zu verändern. Im ständigen Widerstreit von Stadt und Land schien das Land das urbane, kosmopolitische Zentrum buchstäblich zu ersticken. Hinzu kam, dass auf Grund politischer Konflikte in dieser Zeit auch die İstanbuler Griechen, die die Stadt mit geprägt hatten, vertrieben wurden. Mittlerweile ist der Zuzug abgeflaut, die Infrastruktur dem Zustrom angepasst worden. Zwar ist der Verkehr immer noch eine Katastrophe, aber

Der Ball ist rund

Fußball ist in İstanbul mehr als nur eine Sportart

Mit der Bemerkung, Fußball sei hier Volkssport Nummer 1, ist das Phänomen nur unzulänglich beschrieben. Fußballfan zu sein ist Teil der Identität fast jedes männlichen Türken ab 15. Es gibt in İstanbul die drei großen Klubs Galatasaray, Beşiktaş und Fenerbahçe, die gleichzeitig auch die führenden Vereine des ganzen Landes sind. Fast jeder İstanbuler identifiziert sich mit einem von ihnen, und zwar lebenslang. Das ist eine Frage der Ehre! Man wechselt nicht seinen Klub, nur weil einer der anderen beiden vielleicht einmal erfolgreicher ist.

die Wasserversorgung wurde verbessert, moderne Strom- und Kommunikationskabel wurden verlegt und sogar die Industriebrachen am Goldenen Horn teilweise saniert und in Parks verwandelt.

Nichts hat İstanbul in seiner Geschichte so beängstigt wie große Brände und Erdbeben. Das Beben von 1999 ließ die Stadt buchstäblich erzittern und erinnerte sie daran, dass sie auch mit diesen Launen der Mutter Erde zurechtkommen muss. Seitdem laufen Projekte, um die Stadt auf ein neues Beben vorzubereiten. Aber die zum Teil sehr schlechte Bausubstanz lässt sich nicht ersetzen.

İstanbul besteht heute aus drei Zentren, die für die Menschen, die in der Stadt leben, nicht mehr viel miteinander zu tun haben. Sultanahmet, wo die Hagia Sophia thront und die Blaue Moschee ihre sechs Minarette in den Himmel reckt, ist das historische Zentrum. Wie in jeder viel besuchten Weltstadt wird dieses Gebiet, einschließlich des Sultanpalastes und des Großen Basars, mehr und mehr zur touristischen Zone, aus der sich die Einheimischen zurückziehen. Dabei war die Gegend unterhalb von Sultanahmet bis in die 90er-Jahre noch das Zeitungs- und Verlagszentrum İstanbuls und damit gleichzeitig die geistige Mitte der Türkei. Das geschäftliche und europäische Zentrum erstreckt sich heute zwischen Tünel-Platz und Levent, dem Teil der Stadt, der vor kurzem durch eine U-Bahn erschlossen wurde. Die gute Wohngegend ist schließlich die Bagdad-Allee auf der asiatischen Seite, die sich von Bostancı bis Kadıköy kilometerlang oberhalb des Marmarameeres hinzieht.

60 Prozent der İstanbuler sind unter 30

Obwohl fast 3000 Jahre alt, ist İstanbul eine erstaunlich junge Stadt: 60 Prozent der Einwohner sind unter 30. Deshalb gibt es acht große Universitäten, die Straßen sind voller junger Leute, die alle ihr Glück machen und ihren Altersgenossen in New York, Berlin oder Paris nicht nachstehen wollen. Und İstanbul ist schnelllebig. Ständig werden neue Geschäfte oder Cafés eröffnet, um dann manchmal schon nach wenigen Monaten wieder zu schließen. Die Wirtschaftskrise, die die Türkei seit Anfang 2001 im Griff hält, hat am schlimmsten hier gewütet. Den Boomjahren folgte eine beispiellose Pleitewelle. Wen wundert es da noch, dass die Straßen zu jeder Tageszeit mit Bummlern voll sind?

> *Die heimliche Hauptstadt ist wieder erwacht*

Doch auch das wird sicherlich nur eine Fußnote in der langen Geschichte der Metropole am Bosporus bleiben. Von Byzanz über Konstantinopel bis İstanbul hat diese Stadt mehr Auf und Ab erlebt als die meisten anderen. Und dass der Republikgründer Kemal Atatürk nicht sie, sondern Ankara zu seiner Auserwählten machte, hat die Grande Dame sehr souverän gemeistert. Nach der ersten Lähmung während der 20er- und 30er-Jahre, als die junge Republik all ihre Ressourcen in die neue Hauptstadt steckte und İstanbul langsam in einen geschichtlichen Dämmerschlaf zu versinken drohte, ist die Vitalität der natürlichen Metropole wieder erwacht. Heute besitzt Ankara zwar das Etikett, aber İstanbul die meisten Attribute einer Hauptstadt. Hier sitzen das Geld, die Intelligenz, die Kunst und die Medien – in Ankara hingegen nur das betuliche und langweilige Pärchen Bürokratie und Diplomatie. Und längst gilt wieder der etwas hochmütige, aber doch von den meisten ehrlich gemeinte Spruch: Das Schönste an Ankara ist der abendliche Rückflug nach İstanbul.

In der Moschee des Dolmabahçe-Palastes

Junges, altes İstanbul

Ost und West, Jung und Alt:
In İstanbul verschmelzen die Gegensätze
zu einem lauten, aber freundlichen Miteinander

Bosporus

1680 machte der Italiener Ferdinando Marsigli eine wichtige Entdeckung, als er von einem Schiff eine mit weißen Korkstücken markierte Lotleine ins Wasser ließ: Die Strömung drückte die Leine zunächst westwärts. Am unteren Ende der Leine konnte er aber deutlich erkennen, dass die Korkstücke genau in die entgegengesetzte Richtung trieben. Damit war nachgewiesen, dass der Bosporus an der Oberfläche Wasser vom Schwarzen Meer Richtung Mittelmeer führt, in der Tiefe aber eine Strömung Wasser in die Gegenrichtung drückt.

Nicht nur für İstanbuler, sondern für alle Bewohner rund ums Schwarze Meer ist der Bosporus das Tor zur Welt. Schon die Griechen gründeten hier 667 v. Chr. die Siedlung Byzanz, um den Schiffsverkehr zu kontrollieren und Zölle zu erheben. Immer wieder wurde die Kontrolle des Bosporus in den folgenden 2500 Jahren Gegenstand auch kriegerischer Auseinandersetzungen. Erst seit 1936 regelt das Abkommen von Montreux die

Mitten im Wasser:
der sagenumwobene Leanderturm

Durchfahrt durch die 31 km lange Wasserstraße. Seit Jahren wächst die Befürchtung, ein Tankerunfall könnte die gesamten Ufer İstanbuls verseuchen. Seit 2003 sorgt ein hochmodernes Radarüberwachungssystem für eine größere Sicherheit am Bosporus.

Junge Szene

Die Jugendszene İstanbuls konzentriert sich auf drei Zentren: *Beyoğlu* mit der İstiklal Caddesi und ihren unzähligen Seitenstraßen beherbergt die Off-Szene der Stadt: Hier sind Cafés, Kneipen, Musiklokale und Undergroundschuppen versammelt, ergänzt durch Fastfoodlokale, Kinos, Buchläden sowie Kunst- und Kulturzentren.

Das zweite Zentrum liegt auf der asiatischen Seite in *Kadıköy*. In der Fußgängerzone an der Fähranlegestelle gibt es Passagen wie *Akmar* mit seltenen Jazz-CDs bis hin zu Piercinggeschäften, große Buchläden mit integrierten Cafés, Filmtheater und Musiklokale. Seitdem sich mit der *Kadife Sokak* auch eine große Kneipen- und Cafészene hier ansiedelte, brauchen die »Kids von drüben« nicht mehr zum Ausgehen auf die europäische Seite zu fahren.

Das Galata-Turmrestaurant mit Blick auf Beyoğlu und den Bosporus

Schließlich tummeln sich junge Menschen am Bosporusufer: Das sind betuchtere Elitekinder, die sich die schicken Bars und Diskotheken in *Kuruçesme, Arnavutköy, Bebek* oder parallel zum Bosporus in *Levent* und *Etiler* leisten können.

Konstantinopel

Konstantinopel wurde im Jahr 324 vom römischen Kaiser Konstantin zunächst als »Neues Rom« auf dem Gebiet des bereits seit fast 1000 Jahren existierenden Byzanz gegründet. Kurz vor seinem Tod ließ sich der Kaiser taufen und machte das Christentum damit erstmals zur Staatsreligion.

Neben dem Gründer Konstantin prägten vor allem Kaiser Justinian (527–65) und seine Frau Theodora das Gesicht Konstantinopels. Justinian ließ die Hagia Sophia als größte Kirche der Christenheit bauen, und während sich in Westeuropa das finstere Mittelalter ausbreitete, waren in Konstantinopel die berühmtesten Geister aus Kunst und Kultur versammelt.

Der Niedergang des Byzantinischen Reiches begann 1071, als es eine entscheidende Schlacht gegen die türkischen Seldschuken ungefähr an der heutigen türkisch-armenischen Grenze verlor. Der schleichende Machtverlust hatte sein Finale dann 400 Jahre später, als die Osmanen dem ohnehin sehr geschwächten Oströmischen Reich den Todesstoß versetzten und aus Konstantinopel İstanbul wurde.

Multikulti

Seit Ende der 80er-Jahre wird das reiche multikulturelle Erbe İstanbuls, dessen Bevölkerung über die Jahrhunderte aus verschiedenen Ländern einwanderte, in Büchern,

Filmen, Ausstellungen und Konferenzen gefeiert. Zu den prägenden Gruppen gehören die Nachfahren der 1492 aus Spanien vertriebenen Juden, die ihre Identität bis heute bewahrt haben. Im Gegensatz zu anderen Minderheiten hatten sie nie Schwierigkeiten und konnten sich ungestört entfalten. Heute kommen einige bekannte Industrielle aus der jüdischen Gemeinde, die in den türkisch-israelischen Beziehungen eine wichtige Rolle spielen.

Das negative Gegenbeispiel zu den Juden bietet die christlich-armenische Minderheit. Zu Beginn des 20. Jhs. wurden Hunderttausende getötet oder vertrieben; heute leben noch rund 100 000 Armenier überwiegend in İstanbul. Nach langer Depression hat sich ihr Leben in den letzten Jahren wieder normalisiert. Aufmerksame Besucher können armenische Zeitungen entdecken oder armenische Kirchen besuchen.

Trotz der Auswanderungswellen in den 20er- und 60er-Jahren lebt die griechische Kultur – einst prägte sie ganze Stadtteile wie Beyoğlu oder Fener – wieder auf: Griechische Musik und Vergnügungskultur sind so in, dass griechische Tavernen in İstanbul Hochkonjunktur haben. Und auch die politischen Beziehungen der Nachbarländer haben sich im Zug der türkischen EU-Annäherung stark verbessert.

Wirtschaft und Finanzen

İstanbul ist das Finanz- und Wirtschaftszentrum der Türkei mit den Zentralen fast aller großen türkischen und ausländischen Unternehmen. Die Kluft zwischen dem dynamischen İstanbul und dem bürokratischen Ankara wird von Tag zu Tag kleiner. Durch Investitionsförderung und Handelserleichterungen soll die Türkei zu einem attraktiven Standort im Nahen Osten werden, wovon vor allem İstanbul profitieren wird.

Nicht nur 1001 Nacht

Zahlreiche Erzähler und Poeten beschreiben die Synthese aus Orient und Okzident

Über die Stadt am Bosporus wurde viel geschrieben. Dichter am osmanischen Hof wie Efendi A. Nedim verfassten große Werke der klassischen Literatur über İstanbul. Nach Gründung der Republik war es vor allem der Poet und Erzähler Orhan Veli, der seiner Heimatstadt in seinen Werken ein Denkmal setzte. Yaşar Kemal, berühmt durch sein Heldenepos »Memed, mein Falke«, erzählt in Büchern wie »Auch die Vögel sind fort« vom Alltag der Armen in den Vororten der Stadt. Orhan Pamuk, der zeitgenössische türkische Bestsellerautor, lässt fast alle seine Romane in İstanbul spielen. »Das schwarze Buch«, »Die weiße Festung« und »Rot ist mein Name« heißen seine auch ins Deutsche übersetzten Meisterwerke.

Feste, Events und mehr

Ost-West-Synthese pur: Open-Air-Jazz-festival und der Tanz der Derwische

Von Klassikkonzerten in jahr-hundertealten Kirchen bis hin zu Weltstars unter dem Sternen-himmel bietet İstanbul vor allem

Tanzende Derwische

im Sommer eine Veranstaltung nach der anderen, die es sich anzusehen lohnt. Lassen Sie sich zwei Events auf keinen Fall entgehen: ein Konzert der mystischen Musik mit der zauber-haften Rohrflöte in der Yerebatan-Zisterne und den Tanz

der Derwische in den uralten Räumen des Mystikerordens. Sie werden unvergessliche Momente erleben. Informieren Sie sich vorab über die İstanbuler Festivals im Internet unter *www.istfest.org*, Karten gibt es bei *www.biletix.com.*

Feiertage

1. Jan. *Yılbaşı*/Neujahr; **23. April** *Ulusal Egemenlik ve Çocuk Bayramı*/ Fest der Nationalen Souveränität und der Kinder; **19. Mai** *Gençlik ve Spor Bayramı*/Fest der Jugend und des Sports; **30. Aug.** *Zafer Bayramı*/ Siegesfeiern zum Ende des Unab-hängigkeitskrieges 1922; **29. Okt.** *Cumhuriyet Bayramı*/Gründungstag der Türkischen Republik 1923.

Religiöse Festtage: Nach isla-mischem Mondkalender verschie-ben sich religiöse Feste jedes Jahr um 11 Tage nach vorn: **2005: 20.–23. Jan.** *Kurban Bayramı*/ Opferfest: Das höchste islamische Fest dauert vier Tage. **2004: 14.–16. Nov.; 2005: 3.–5. Nov.** *Şeker Bayramı*/Zuckerfest: dreitägiger Abschluss des Fastenmonats Ramadan

Veranstaltungen

⭐ *Tanz der Derwische* des Mevlana-Ordens: Tanz jeden letzten Sonntag des Monats im alten Sektenhaus Galata Mevlevihanesi in Beyoğlu

März/April
Internationale Filmfesttage: In ausgewählten Kinos in der İstiklal Caddesi in Beyoğlu und in Kadıköy werden jährlich über 170 in- und ausländische Neuproduktionen sowie Klassiker gezeigt – alles mit Untertiteln. Das *Tulpenfest* in Emirgan verwandelt seit vierzig Jahren den Park in ein Paradies am Bosporus.

Mai
Theaterbiennale: Klassische Stücke, Tanz- und Straßentheater mit in- und ausländischen Künstlern, *www.istfest.org/tiyatro*

Juni/Juli
Internationales Musikfestival: Musik, Tanz und Oper: traditioneller Höhepunkt ist die Oper »Entführung aus dem Serail«. Open-Air-Bühnen und die byzantinische Aya-Irini-Kirche im Garten des Topkapı laden zum musikalischen Erlebnis ein. Das *Internationale Jazzfestival* findet nicht nur in Sälen, sondern auch auf der Straße und in Jazzkellern statt.

August
Im Sommer findet die *Yelken Yarışları*-Segelregatta traditionell mit einer Kurzstrecke von İstanbul zur Insel Marmara im Süden der Stadt und einer längeren Etappentour bis Bodrum in der südlichen Ägäis statt. Im Spätsommer starten unter großer Zuschauerbeteiligung Offshore-Rennen in Bebek.

September
Künstler organisieren seit 2003 das *Tünel-Festival*, in dessen Mittelpunkt der Galata-Turm steht.

Oktober
Insider Tipp Das *Efes Pilsen Blues Festival* gibt es seit 1990, mit wachsendem Erfolg. *www.efespilsen.com.tr*

November
Die *İstanbuler Biennale* zieht seit 1987 in allen ungeraden Jahren neben türkischen auch viele ausländische Künstler an.

Dezember
Eine der schönsten *Weihnachtsmessen* überhaupt findet in der Sankt-Anton-Kirche an der İstiklal Caddesi in Beyoğlu statt.

Festtagsschmuck im Großen Basar

Eine Entführung ins Serail

Byzanz und Osmanisches Reich: Beide Imperien haben in İstanbul vom Palast über den Markt bis zum Gotteshaus unvergängliche Werke hinterlassen

Die Frage »Was schauen wir uns an?« zu beantworten fällt in İstanbul deshalb so schwer, weil die Auswahl riesig groß ist. In fast 3000 Jahren, in denen die Stadt als Byzanz, Konstantinopel und später als İstanbul Hauptstadt von Weltreichen war, sind kaum zählbare Bau- und Kulturdenkmäler entstanden, die Sie auch bei einem zehntägigen Aufenthalt nie alle besichtigen können. Angefangen bei byzantinischen Zeugnissen, von denen noch viel mehr als nur die weltberühmte Hagia Sophia vorhanden sind, über die 3000 Moscheen und Hunderte von Palästen, Sommerhäusern und Burgen der Osmanen bis zu armenischen, orthodoxen und selbst protestantischen Kirchen und Synagogen, ist fast alles zu besichtigen, was die Fundamente der abendländischen Kultur berührt. Den wenigsten Besuchern ist klar, dass hier das Christentum im Jahr 330 erstmals zur Staatsreligion erklärt und damit der Grundstein für die Institution Kirche gelegt wurde.

Doch İstanbul ist kein Museum. Die Stadt lebt mit ihren Millionen

Verkäufer mit Sesamringen

von Menschen in den unterschiedlichsten Formen. Von der Altstadt, in deren heutigen Zentren Fatih (europäisch) und Üsküdar (asiatisch) sich hauptsächlich fromme Muslime niedergelassen haben, über die verarmten Minderheitenviertel am Goldenen Horn bis zu den modernen Wohnorten um den Taksim-Platz liegen Welten. Aber gerade das Miteinander unterschiedlichster Lebensformen macht den Reiz İstanbuls aus.

Handeln Sie weise, und nehmen Sie sich nicht zu viel vor! Kulturdenkmäler wie der Topkapı-Palast oder die Hagia Sophia sind es wert, stundenlang betrachtet und »gefühlt« zu werden. Vergessen Sie auch nicht, wie lange es auf den Straßen İstanbuls dauern kann, von einem Ort zum anderen zu kommen. Am

Die Süleymaniye-Moschee thront über der Stadt

besten, Sie entscheiden sich für einen Bezirk und verbringen den Tag dann zu Fuß in der Gegend. Versäumen Sie es auf keinen Fall, mit der Fähre einen Tagesausflug den Bosporus zum Schwarzen Meer hinauf zu machen; eine solche Fahrt kann ihnen keine andere Stadt der Welt bieten.

Die Eintrittspreise für Touristen liegen leider ziemlich hoch und sorgen für Ärger. Das Tourismusministerium erklärt diesen Umstand mit den hohen Kosten und seinem viel zu kleinen Etat.

Stadtrundfahrten bietet *Plantours* an *(Bab-u Humayun Caddesi 1, Eminönü, Tel. 458 18 00)*. Die Busse fahren gegenüber der Hagia Sophia täglich um 11, 14 und 17 Uhr ab. Die Fahrt dauert ca 2,5 Stunden und kostet 15 Euro.

AUSSICHTSPUNKTE

Çamlıca [123 E5]

🔅 Dieser Hügel auf der asiatischen Seite der Stadt ist mit 262 m die höchste Erhebung İstanbuls. Trotz der Fernsehmasten, mit denen er voll gestellt wurde, lohnt es sich hinzufahren, denn bei klarem Wetter haben Sie von einem Café aus einen phantastischen Blick über den Bosporus und fast die ganze Stadt, nach Norden sogar bis zum Schwarzen Meer. *Anfahrt mit dem Taxi von der Schiffsanlegestelle in Üsküdar oder in Kadıköy, ca. 5 Euro*

Galata Kulesi (Galata-Turm) [111 E6]

⭐ Der 1348 von der genuesischen Kolonie in Konstantinopel erbaute Galata-Turm war seinerzeit das höchste Glied einer die Siedlung umrahmenden Befestigungsanlage. Er erhebt sich 62 m hoch über dem Goldenen Horn und besitzt unterhalb der Turmspitze eine offene Galerie, von der aus man einen wunderbaren Blick auf die ehemals europäische Altstadt und die berühmte Kulisse von Sultanahmet und Beyazıt hat. Fahren Sie mit dem Aufzug hoch und steigen dann, an einem Restaurant vorbei, noch eine Treppe zur Aussichtsgalerie hoch. *Tgl. 8.30–20 Uhr für Besucher, Eintritt zum Turm ca. 4 Euro, Hendek Caddesi (Beyoğlu)*

Kız Kulesi (Leanderturm) [119 E2]

⭐ Eines der schönsten Wahrzeichen der Stadt ist der so genannte Leander- oder – im Türkischen – »Mädchen«turm. Er wurde im 18. Jh. auf einer winzigen Insel nahe der asiatischen Seite im Einfahrtsbereich des Bosporus gebaut. Lange Jahre blieb er seinem Schicksal überlassen. Seit 2000 erstrahlt der Kız Kulesi nun wieder in neuem Glanz. Er dient tagsüber als Café und abends als mondänes Restaurant mit Livemusik.

Der türkischen Legende nach wurde der zierliche Turm gebaut, um die Tochter eines Sultans dort vor den Schlangenbissen zu schützen, die ein Wahrsager prophezeit hatte. Doch das Schicksal siegte. Nach griechischer Legende wiederum handelte es sich um Hero, deren Liebhaber Leander allabendlich den Hellespont durchschwamm, um seine Geliebte zu treffen, bis er dabei ertrank. *Überfahrt von Üsküdar, direkt gegenüber dem Turm oder von Ortaköy und Sarayburnu auf der europäischen Seite für 4 Euro (ein Getränk inkl.), nachts nur von Üsküdar und Ortaköy*

BASARE

Kapalı Çarşı
(Großer Basar)   [116 C4]

★ Der Große Basar ist das pulsierende Herz der Altstadt. Jeder Besucher, der ihn zum ersten Mal durch eines seiner 17 Tore betritt, wird sich im Gassengewirr unweigerlich verlaufen und froh sein, wenn er zufällig auf eines der Teehäuser trifft, wo er Luft schnappen und sich erholen kann. Die antike Shopping Mall erstreckt sich von der *Nuruosmaniye*- bis zur *Beyazıt-Moschee* über eine Fläche von rund 32 000 m² und bietet von Teppichen bis zu Juwelen und Lederbekleidung fast alles, was das Touristenherz begehrt. Der Markt ist traditionell nach einzelnen Gewerben geordnet, jedes Handwerk hat sein eigenes »Viertel«. Heutzutage wird überwiegend verkauft und nicht mehr hergestellt, wenn es auch noch einzelne Kupferschmiede und Schneider gibt. Trotzdem hat sich die Grundstruktur gut erhalten. Im Zentrum liegt das *Alte Bedesten*. Hier können Sie bei den Antiquitätenhändlern neben original russischen oder griechischen Ikonen auch alten Silberschmuck erwerben. Dieser älteste Teil des Basars wurde bereits von Mehmet II. kurz nach der Eroberung Konstantinopels in Auftrag gegeben. In den folgenden hundert Jahren kamen die anderen Bereiche nach und nach dazu. Eine besonders interessante Ecke ist der so genannte Bücherbasar *(Sahaflar)* di-

---

MARCO POLO Highlights
»Sehenswertes«

★ **Arnavutköy**
Die schönsten alten osmanischen Holzhäuser (Seite 39)

★ **Chora-Kirche**
Ein Juwel spätbyzantinischer Mosaikkunst und Freskenmalerei (Seite 32)

★ **Galata-Turm**
Blick über die gesamte Stadt (Seite 20)

★ **Großer Basar**
Lärm, Gedränge und Wohlgerüche: der größte Basar des Orients (Seite 21)

★ **Hagia Sophia**
Denkmal der Macht und des Glaubens (Seite 30)

★ **Leanderturm**
Rundturmpanorama vom Wasser aus (Seite 20)

★ **Süleymaniye Camii**
Die schönste Moschee İstanbuls (Seite 34)

★ **Blaue Moschee**
Favoritin unter Gläubigen und Touristen (Seite 35)

★ **Topkapı-Palast**
Der Sultanspalast: eine Welt aus 1001 Nacht (Seite 27)

★ **Yerebatan Sarayı**
Ein unterirdischer Säulenwald: die größte Zisterne der Stadt (Seite 25)

Shopping Mall seit alten Zeiten: der Große Basar

rekt neben der *Beyazıt-Moschee*. Verlässt man den Basar durch eines der Tore in Richtung Goldenes Horn, schlendert man durch das Holzhandwerkerviertel *Tahtakale* bis zum Meer. *Tgl. außer So und Feiertage, 8.30–19 Uhr (Beyazıt)*

**Mısır Çarşısı
(Ägyptischer Basar)**　　[116 C3]
Der Ägyptische Basar ist auch unter dem Namen Gewürzbasar bekannt, weil das seit jeher die Spezialität dieses Marktes ist. Die Händler haben Safran, Paprika, Thymian oder andere exotische Abschmecker zu farbenfrohen Hügeln an ihren Verkaufsständen aufgebaut, wobei jeder hofft, seine Dekoration möge den Kunden mehr locken als die des Nachbarn. Diese uralte Warenästhetik des Basars wirkt angesichts der heutigen Werbemethoden so rührend antiquiert, dass man schon deshalb etliche Tütchen der bunten Gewürze kaufen wird. Auch wer

getrocknetes Obst, Nüsse in allen Varianten, Heilkräuter, iranischen Kaviar oder handgeflochtene Körbe sucht, ist hier richtig. Im Prinzip ist der Ägyptische Basar nichts anderes als ein tausendjähriger Feinkostladen, der standesgemäß untergebracht ist. *Mo–Sa 9–19 Uhr, Eminönü Meydanı*

BAUDENKMÄLER & MONUMENTE

**At Meydanı
(Hippodrom)**　　[117 D5]
Was das Kolosseum für Rom, war das Hippodrom für Byzanz – der Ort, an dem das Volk durch Spiele und Wagenrennen bei Laune gehalten und, wenn das misslang, auch mal niedergemetzelt wurde. Die Arena soll rund 100 000 Menschen Platz geboten haben. Die prächtige Kaiserloge schloss sich gleich an den Großen Palast an, dessen Anlage sich von hier bis hinunter zum

Marmarameer erstreckte. Von den hoch aufragenden Rängen des Hippodroms ist heute fast nichts mehr übrig außer den Säulen, die Konstantin auf die so genannte *spina,* das lange Podest in der Mitte der Rennbahn, stellen ließ. Die älteste ist der 1900 v. Chr. erbaute ägyptische Obelisk, der von Luxor nach Byzanz gebracht wurde. Die benachbarte Schlangensäule soll aus Delphi stammen, nur von der letzten, der Bronzenen Säule, weiß man nichts, außer dass sie im 10. Jh. restauriert wurde. Eine vierte Säule, die ursprünglich noch hier stand und die von vier bronzenen Pferden gekrönt wurde, schleppten die Venezianer nach dem Vierten Kreuzzug als Beute in die Lagunenstadt. Die gepflasterte Straße rund um den Rasen, auf dem die Säulen heute stehen, entspricht dem früheren Rund der Rennbahn. Das Hippodrom hatte aber auch eine politische Funktion: Man bekannte sich entweder zur grünen oder zur blauen Mannschaft, was zeitweilig mit reformfreudig oder konservativ übersetzt wurde. Aus einem Streit zwischen grünen und blauen Wagenlenkern entstand 532 der Nica-Volksaufstand, den Kaiser Justinian blutig niederschlagen ließ. Am Ende sollen 30 000 Tote das Hippodrom gesäumt haben. *At Meydanı (Sultanahmet)*

Bozdoğan Kemeri [115 F3,
(Valens-Aquädukt) 116 A3]
Dieser rund 800 m lange Aquädukt ist eines der auffälligsten Denkmäler aus der frühen byzantinischen Zeit. Er wurde in der zweiten Hälfte des 4. Jhs. unter Kaiser Valens als Teil der Wasserzufuhr der Stadt erbaut. Die Halbinsel, auf der Byzanz errichtet wurde, hatte selbst kaum Wasser, sodass für die rasch wachsende Bevölkerung über ausgeklü-

Entspannen & Genießen

Nach einem Besuch im *hamam* fühlt man sich wie neugeboren

Die luxuriöseste Art, sich zu entspannen, ist ein Besuch im türkischen Bad, dem *hamam.* Nach einem festgelegten Ritual, das vom Umkleideraum über die Kaltwasserabteilung ins Dampfbad führt, können Sie sich vom Bademeister waschen und massieren lassen. Man fühlt sich danach wie neugeboren! In Sultanahmet gibt es zwei sehr schöne, traditionelle *hamams*, die beide mit ausländischen Besuchern vertraut sind: der *Cağaoğlu Hamamı* in der Hilali Ahmar Caddesi unweit der Hagia Sophia *(tgl. 7–21.30 Uhr, Tel. 522 24 24)* oder *Çemberlitaş Hamamı*, Vezirhan Caddesi 8, an der Konstantinssäule *(tgl. 7–22 Uhr, Tel. 522 79 74).* Weniger touristisch und ein Meisterwerk Sinans ist das Süleymaniye Hamamı, direkt an der Moschee, Mimar Sinan Caddesi 20 *(tgl. 6.30–24 Uhr, Tel. 520 34 10).* Eintritt jeweils *10–12 Euro, mit Massage 20–25 Euro*

gelte Systeme aus dem Belgrader Wald nördlich der Stadt Wasser herbeigeführt werden musste, welches dann in großen Zisternen gespeichert wurde. Der Valens-Aquädukt ist neben der Yerebatan-Zisterne die beeindruckendste Erinnerung an die Ingenieursleistungen der Byzantiner. *Atatürk Bulvarı (Aksaray)*

Çemberlitaş
(Konstantinssäule) [116 C4–5]
Die Säule ist das älteste erhaltene Monument der Stadt. Sie wurde anlässlich der Erhebung von Byzanz zur Hauptstadt des Römischen Reichs 330 aufgestellt. Sie war einmal die Attraktion des Konstantinischen Forums und trug ursprünglich eine Statue Kaiser Konstantins, die ihn als Sonnengott Helios zeigte. Die Reste der Säule sind heute mit eisernen Reifen umgürtet und werden seit 2003 restauriert. In der sagenumwobenen Stadt İstanbul rankt sich auch um die Konstantinssäule eine Legende: Bei ihrer Errichtung soll der Kaiser persönlich im Fundament heilige Reliquien vermauert haben, darunter das Palladium des griechischen Helden Aeneas, die Axt, mit der Noah die Arche baute, und das Gefäß, aus dem Maria Magdalena Jesus einsalbte. In dieser Legende deutet sich bereits an, was später offiziell wurde: Kaiser Konstantin erhob in Byzanz das einstmals verfemte Christentum zur Staatsreligion des Römischen Reiches. *(Cağaloğlu)*

Surlar (Theodosianische
Landmauer) [108–109 C6–E3, 114 A3–B1, 120 A1–6]
Die bereits im Jahr 412 unter Kaiser Theodosius II. errichtete Stadtmauer ist so massiv, dass sie nie durch eine Belagerung bezwungen werden konnte und bis heute in großen Teilen erhalten geblieben ist. Die 5 m breite und bis zu 11 m hohe Hauptmauer erstreckt sich vom Marmarameer bis zum Goldenen Horn, sodass die Stadt vom Land her komplett geschützt war. Den besten Eindruck von dem imposanten Bauwerk gewinnen Sie bei einem Spaziergang vom Yedikule-Kastell bis zum Goldenen Horn. Vorsicht: Der Weg ist 6,5 km lang!

Yedikule [120 A5]
Yedikule (»Sieben Türme«) ist die Festung direkt im Schnittpunkt der Theodosianischen Landmauer mit der Seemauer am Marmarameer, eine Mischung aus byzantinischen und osmanischen Elementen. In die Festung eingemauert ist das Goldene Tor, durch das die byzantinischen Kaiser nach gewonnener Schlacht im Triumph wieder in die Stadt ritten. Zu osmanischer Zeit diente die Burg als Prominentenverlies – von ausländischen Gesandten bis zu abgesetzten Sultanen war hier zeitweise eine illustre Gesellschaft versammelt. Hier finden im Sommer Konzerte statt. *Di–So 9–17 Uhr, Eintritt 2,50 Euro, Yedikule Meydanı*

BRUNNEN & ZISTERNEN

Sultan Ahmet III.
Çeşmesi [117 E5]
Der 1728 errichtete Brunnen gehört zu den schönsten Rokokobauten İstanbuls aus der so genannten Tulpenzeit. Direkt vor dem ersten Tor zum Topkapı-Palast gelegen, wirkt er mit seinen fünf kleinen Kuppeln und dem großen, geschwungenen Dach schon selbst

wie ein kleines Schlösschen. Die Erker sind mit einem Marmorgitter geschmückt und die Wände mit üppigen Blumenmotiven verziert. Der Brunnen hat an jeder Seite einen Wasserhahn. Darüber sind Verse des berühmten Kalligrafen Seyyid Vehbi Efendi zu erkennen. Die klassischen osmanischen Brunnen waren keine Springbrunnen, sondern dienten als öffentliche Wasserhähne. Oft wurden sie von Palastangehörigen und wohlhabenden Bürgern gestiftet. *Topkapı-Tor (Sultanahmet)*

Tophane Çeşmesi [112 A6]

Ein weiteres sehr schönes Exemplar osmanischer Brunnen liegt in Tophane, am Ende des Hafengebiets von Karaköy. 2001 restauriert, strahlen die Marmorreliefs des 1732 im europäischen Barockstil erbauten Brunnens wieder in makellosem Weiß. Auf der gegenüber liegenden Straßenseite steht Tophane, die Kanonengießerei, die Mehmet II. 1453 kurz nach der Eroberung Konstantinopels erbauen ließ. Zwar werden heutzutage keine Kanonen mehr gegossen, aber der massive Bau gehört noch immer dem Militär und ist deshalb auch nicht zugänglich.

Yerebatan Sarayı [117 D4–5]

★ Das alte Byzanz hatte zahlreiche Zisternen zur Wasserversorgung der Stadt, da man auf der Halbinsel selbst kein Trinkwasser fand. Die größte dieser Zisternen, die die Türken »Versunkenes Schloss« nannten, liegt direkt gegenüber der Hagia Sophia und kann besichtigt werden. Wenn man über eine kleine Treppe nach unten steigt, öffnet sich plötzlich ein gewaltiger unterirdischer Raum, der so groß ist, dass man ihn zunächst gar nicht überblicken kann. Noch immer steht Wasser in der Zisterne, aber über hölzerne Stege kann man bei klassischer Musik einen Rundgang durch das versunkene Wasserreich machen. 336 Säulen verhindern seit 1400 Jahren, dass die Decke der Zisterne einbricht. Zwei Säulen stehen sogar auf antiken Medusenköpfen. Im Sommer finden auf einer hölzernen Plattform Konzerte statt. **Insider Tipp** Im Eingangsbereich befindet sich ein Café. *Tgl. 9–18 Uhr; Eintritt 4,50 Euro, Yerebatan Caddesi 7 (Sultanahmet)*

Phantastische Einblicke in die Unterwelt: Yerebatan Sarayı

GEBÄUDE & PALÄSTE

Bab-ı Ali (Hohe Pforte) [117 D–E4]

Zu osmanischer Zeit hießen ausländische Gesandte »Botschafter an

Der letzte große Palastbau in İstanbul: Dolmabahçe Sarayı

der Hohen Pforte«. Damit war ganz bildlich das große Tor gemeint, durch das man in den Palast des Großwesirs gelangte. Die Institution der Hohen Pforte war der zivile, bürokratische Unterbau im Herrschaftssystem. 1826, kurz nach Abschaffung des Janitscharen-Heeres, wurde die Hohe Pforte vom Sitz des Großwesirs in Amtsräume der Minister umgewandelt – das Kabinett kämpfte fortan ununterbrochen um größere Unabhängigkeit vom Monarchen. Nach Gründung der Republik und Verlegung der Hauptstadt nach Ankara wurde die Hohe Pforte in den 20er-Jahren zum Amtssitz des İstanbuler Gouverneurs.

Direkt gegenüber, in die Mauer des Topkapı-Palastes eingebettet, liegt der *Alay Köşkü*, von wo aus der Sultan einst nicht nur die Paraden, sondern auch die Besucher seines Großwesirs beobachten konnte. *Alemdar Caddesi (Sultanahmet)*

Darphane-i Amire (Die Münze) [117 E4]

Die alte Münze von 1727 liegt unterhalb des Topkapı-Palastes gegenüber dem Archäologischen Museum. Das Areal wurde durch einen Geschichtsverein teilweise wiederhergestellt und ist nun gleichzeitig Technikmuseum sowie Ausstellungs- und Veranstaltungsort, z. B. der Kunstbiennale. In mehreren Hallen wird die Herstellung von Münzen von der Gießerei bis zu den Prägestöcken gezeigt. In anderen Hallen finden wechselnde Ausstellungen zur Stadtgeschichte oder auch aktuelle Veranstaltungen statt. Der gesamte Komplex, einschließlich eines schönen Cafés, ist *Inside Tipp* eine der gelungensten Restaurierungen in der Stadt, weil geradezu exemplarisch gezeigt wird, wie behutsame Sanierung und neue Nutzung sich bestens ergänzen können. *Mi–So 10–19 Uhr; Zugang vom ersten Hof des Topkapı Sarayı oder vom Gülhane-Park unterhalb des Palastes (Straßenbahn von Eminönü Richtung Beyazıt (Sultanahmet)*

Dolmabahçe Sarayı
Dolmabahçe-Palast [113 D–E3]

1856 errichtet, wurde der 250 000 m^2 große Palast am Bosporus bald zum neuen Sitz der Sultane. Im Zuge der Verwestlichung des Osmanischen Reiches verließ Sultan Abdülmecit den Topkapı-Palast und zog hierher. Gold, Marmor und Kristalle wurden beim Bau üppig eingesetzt, die Möbel in Paris und Prag bestellt. Der riesige Palast mit seiner 500 m langen Front am Wasser trägt die Handschrift der armenischen Architektenfamilie Balyan, die in vier Generationen İstanbul mit neoklassizistischen Prachtbauten schmückte: Die Paläste in Beylerbeyi und Çırağan, Darphane-i Amire, Aynalı Kavak Kasrı, die Moscheen von Dolmabahçe und Ortaköy sind nur einige ihrer Werke.

Der Dolmabahçe-Palast im gleichnamigen Stadtteil verabschiedete in seiner abwechslungsreichen Geschichte gleich zwei bedeutende Staatsmänner des Landes: Mit dem letzten Sultan und Kalifen Vahidettin, der vom Kai des Palastes ins Zwangsexil in Nizza ablegte, ging das Osmanische Reich endgültig unter. Sein Widersacher Mustafa Kemal Atatürk, Gründer der modernen Republik, erlag am 10. November 1938 hier seiner Leberzirrhose. Atatürks Sterbebett wird seitdem Tag und Nacht von einem Soldaten bewacht.

Der in den 90er-Jahren komplett renovierte Palast kann heute besichtigt werden. Besucher müssen sich einer Führung anschließen:

Eine Tour führt durch den öffentlichen Bereich, die zweite durch den alten Harem und die Privaträume der Sultane. Um alles zu besichtigen, sollten Sie bis 13 Uhr hier sein. *Tgl. außer Mo und Do 9–15 Uhr, Eintritt 10 Euro, Dolmabahçe Caddesi (Dolmabahçe)*

Haydarpaşa Garı [123 D5]

Anfangspunkt des ambitionierten deutschen Orientprojektes, der Bagdad-Bahn, sollte er werden: der prächtige Bahnhof am asiatischen Ufer, direkt gegenüber dem Topkapı-Palast. 1873 fuhr hier die erste Dampflok ab. Der heutige Bau wurde 1908 von deutschen Architekten fertig gestellt, im Gegensatz zur Bagdad-Bahn, die nie ihr Ziel erreichte. *İstasyon Caddesi (Haydarpasa)*

Topkapı Sarayı
Topkapı-Palast [117 F3–4]

★ Über vier Jahrhunderte war der Topkapı-Palast das Zentrum der osmanischen Weltmacht. Hier lebten der Sultan, das politische und geistliche Oberhaupt der Muslime, und seine Haremsfamilie, hier wurden aber auch die Reichsgeschäfte geführt, die Spitze der osmanischen Bürokratie ausgebildet und das Elitekorps des Sultans, die Janitscharen, untergebracht.

Sultan Mehmet II., der Eroberer Konstantinopels, verschmähte den alten Palast der byzantinischen Kaiser und ließ bereits wenige Jahre nach seinem Sieg den Topkapı-Palast anlegen. Er wählte dafür den exponiertesten Platz der Stadt, die Spitze der Halbinsel, auf der Konstantinopel erbaut worden war, die auf der einen Seite vom Marmarameer und auf der anderen vom Goldenen Horn umspült wird. Obwohl die Palastanlage großen Raum einnimmt – zeitweilig lebten mehr als 5000 Menschen innerhalb der Mauern – wirkt sie nicht monumental. Die Gebäude sind durchweg ein- oder zweistöckig und bestechen eher durch ihre filigrane Architektur als durch majestätische Wucht – eine Stein gewordene Zeltstadt meinen einige Besucher darin zu erkennen. Obwohl im Laufe der Jahrhunderte immer um- und angebaut wurde, hat sich an der Grundstruktur der Palastanlage bis heute nichts geändert.

Topkapı Sarayı ist in vier Höfe gegliedert. Der heute frei zugängliche erste Hof, den man durch das *Bab-ı Hümayun,* das »Kaiserliche Tor«, betritt, war in osmanischer Zeit der Stützpunkt der Janitscharen. Die nach Betreten des Hofs linker Hand liegende *Irenen-Kirche (Aya Irini),* die aus dem 8. Jh. stammende »Kirche zum Himmlischen Frieden«, wurde von den Janitscha-

ren als Zeughaus und Waffenkammer gebraucht. Sie wird heute als Veranstaltungsort für klassische Konzerte und Ausstellungen genutzt. In ihrer Ursprünglichkeit ist sie einer der beeindruckendsten byzantinischen Sakralbauten, kann jedoch nicht besucht werden.

Am Ende des ersten Hofes, am *Bab-ı Selam,* dem »Friedenstor«, beginnt das eigentliche Museum. Der zweite Hof, den Sie nun betreten, war der Geschäftsbereich des Osmanischen Reichs. Hier tagte das Kabinett *(diwan),* hier wartete man auf eine Audienz, und hier waren auch die Henker untergebracht, die die Urteile des Sultans im ersten Hof vollstreckten. Auf der linken Seite, diagonal gegenüber dem Eingangstor, ist der »Diwan«. An einer Ecke befindet sich ein Gitterfenster, durch das der Sultan die Kabinettssitzungen insgeheim im Auge behalten konnte. Auf der gegenüberliegenden Seite des Hofes liegt der

Schöner Ausblick vom Bagdad-Pavillon im Topkapı-Palast

riesige Küchentrakt, in dem für mehrere Tausend Menschen meisterhaft gekocht wurde. Die Kuppeln der Küche sind vom Marmarameer aus besonders gut zu sehen. Dort ist heute die größte chinesische Porzellansammlung der Welt außerhalb Chinas untergebracht. Leider wird von den über 10 000 Exemplaren nur ein kleiner Teil ausgestellt.

Ebenfalls vom zweiten Hof aus betritt man den sagenumwobenen *Harem.* Hier haben sich die Sultane Hunderte von Frauen gehalten, hier nahmen die Palastintrigen ihren Ausgang, und hier herrschte der »Schwarze Eunuch«, der Hüter des Harems. Tatsächlich durfte der Harem ursprünglich von keinem Mann außer dem Sultan betreten werden – die Eunuchen galten ja nicht mehr als Männer. Ab dem 16. Jh., nachdem die Osmanen die radikale Praxis aufgegeben hatten, alle Brüder des Thronfolgers umzubringen, um so Erbstreitigkeiten zu vermeiden, wurden hier auch die Prinzen untergebracht. Eigentliche Herrscherin im Harem aber war die *Valide Sultan,* die Sultansmutter. Der Harem ist ein Palast innerhalb des Palastes, sozusagen der Privatbereich des Palastes, wo die Frauen zwar komfortabel, aber eben in einem goldenen Käfig untergebracht waren.

Die Führung durch den Harem zeigt sowohl luxuriöse Bäder, herrliche Aufenthaltsräume und ein wunderbares Empfangszimmer, vermittelt aber gleichzeitig einen Eindruck von der Enge, in der die Frauen hier teilweise gelebt haben müssen. In den Harem werden im Halbstundentakt nur kleine Gruppen zugelassen.

Der Ausgang führt auf den dritten Hof, den wichtigsten Ausstellungsbereich des heutigen Museums. Direkt hinter dem Tor zum dritten Hof, dem *Bab-ı Saadet,* dem »Tor der Glückseligkeit«, liegt der Audienzraum des Sultans, in dem der ursprüngliche Thron noch zu bewundern ist. Höhepunkt jeder Besichtigung sind die Säle, die den Hof an der rechten Seite abschließen. Hier sind die schönsten Kleider, die seltensten Waffen und die kostbarsten Schätze des Osmanischen Imperiums ausgestellt. Angefangen von der höfischen Festtagskleidung über die berühmtesten Säbel der Sultane bis zu Staatsschätzen wie den juwelenbesetzten Federbüschen, dem berühmten Topkapı-Dolch und dem 86-karätigen Löffeldiamanten wird die weltliche Pracht der Osmanen hier ausgebreitet. Direkt gegenüber auf der anderen Seite des Hofes befinden sich die religiösen Schätze, darunter Reliquien wie das sprichwörtliche Barthaar des Propheten, ein Fußabdruck Mohammeds und Teile von Toren der Kaaba in Mekka. Hier wird auch während der Besuchszeiten aus dem Koran rezitiert.

Der letzte, so genannte vierte Hof ist kein geschlossenes Gelände mehr, sondern ein großer Garten, in dem mehrere Pavillons der Entspannung und Erholung der Sultane dienten. An der rechten Seite wurde ein Palastteil in ein ◀ Café umgewandelt, von dem aus Sie einen herrlichen Blick auf die Einfahrt in den Bosporus, auf das Genueserviertel und den asiatischen Teil İstanbuls haben – hier können Sie sich von der anstrengenden Palasttour etwas erholen. *Mi–Mo 9–16, Harem 9.30–15,30 Uhr, Ein-*

Byzantinisches und osmanisches Erbe zugleich: die Hagia Sophia

tritt Topkapı 7,50 Euro, Harem und Schatzkammer je 6,50 Euro

Yıldız Sarayı　　　　　　**[123 D4]**

Das oberhalb des Yıldız-Park gelegene ehemalige Jagdschloss ist ein besonderes Kleinod unter der Vielzahl von Schlösschen und ehemals königlichen Sommerresidenzen in İstanbul. Es wurde vor der Barockphase zu Beginn des 19. Jhs. als einstöckiger, lang gestreckter Bau errichtet und beherbergt heute zwei Museen und ein Institut für Islamstudien. Sultan Abdülhamit, einer der letzten osmanischen Herrscher, zog sich gerne hierher zurück, um seiner eigentlichen Leidenschaft, der Tischlerei, nachzugehen. Er ließ sich eine Werkstatt einrichten, die man unter anderem im Museum besichtigen kann.

　Im zweiten Museum, dem Stadtmuseum, ist eine umfangreiche Porzellansammlung ausgestellt, deren Exponate größtenteils aus der innerhalb des Yıldız-Park gelegenen Prozellanmanufaktur stammen, die übrigens ebenfalls besichtigt werden kann. Leider ist der Durchgang vom Park ins Schloss gesperrt, sodass man es nicht vom Bosporus aus, sondern über den Barbaros Bulvarı erreicht. *Mi–So 10–16 Uhr, Eintritt 1,25 Euro, Barbaros Bulvarı, Yıldız Caddesi, an der Universität vorbei (Beşiktaş)*

KIRCHEN & SYNAGOGEN

Aya Sofya
(Hagia Sophia)　　　　**[117 E4–5]**

★ Wie eine Kröte mit hoch gewölbtem Rücken und dicken Beinen hockt die Hagia Sophia, die »Kirche der Heiligen Weisheit«, über der Altstadt von İstanbul. Mit ihrem massiv wirkenden, rötlich schimmernden Mauerwerk und den später in osmanischen Zeiten angebauten vier Minaretten gehört das gut 1400 Jahre alte Bauwerk immer noch zu den prägenden Erscheinungen der İstanbuler Silhouette und ist bis heute ein Wahrzeichen der Stadt.

Die im Altertum größte Kirche der Christenheit, die von außen etwas plump und gedrungen wirkt, bietet Besuchern, sobald sie das Hauptschiff betreten, ein völlig anderes Bild: Statt massiv und gedrungen, scheint die mächtige Kuppel in lichten Höhen zu schweben, als irdischer Spiegel des Himmels. Ein Kranz von 40 Fenstern im unteren Rand der Kuppel führt das Sonnenlicht so geschickt ins Innere des großen Bauwerks, dass der Eindruck der Schwerelosigkeit weiter verstärkt wird. Dieser auch nach 1400 Jahren noch überaus beeindruckende Effekt wurde von den Architekten Anthemios von Tralles und Isidoros von Milet dadurch erzielt, dass sie die Hauptkuppel durch weitere Halbkugeln abstützten und die mächtigen Pfeiler, die das Gewicht der Kuppeln auffangen, in die Seitenschiffe verbannten. Dadurch entstand ein riesiges freies Mittelschiff. Dieser für die damalige Architektur revolutionäre Ansatz wurde später auch zum Vorbild der Moscheebauten İstanbuls und der Hagia Sophia gegenüberliegenden Blauen Moschee.

Auftraggeber für den Bau der Hagia Sophia war Kaiser Justinian, der die Kirche nach einer sensationell kurzen Bauzeit von nur 5 Jahren und 10 Monaten am 27. Dezember 537 weihte. Das statische Experiment der im Durchmesser 31 m großen Kuppel, die im Scheitelpunkt 49 m über dem Boden schwebte, stieß jedoch bald an seine Grenzen. Mehrere kleinere Erdbeben führten dazu, dass die Kuppel Risse bekam und 21 Jahre nach ihrer Fertigstellung im Mai 558 einstürzte. Da beide Architekten bereits tot waren, beauftragte der 76-jährige Justinian den Neffen Isidoros, Isidoros den Jüngeren, mit dem Wiederaufbau der Kuppel. Dabei wurden die äußeren Stützpfeiler verstärkt, was zu dem äußerlich gedrungenen Eindruck führt, und die Kuppel um noch mal 7 m angehoben. Diese Form der Kuppel, 56 m hoch und lediglich von außen durch weitere Pfeiler abgestützt, ist bis heute erhalten. Keine andere byzantinische oder osmanische Kuppel erreichte je wieder diese Höhe.

Die heutige innere Ausstattung der Hagia Sophia, die 1935 zum Museum erklärt wurde, ist bestimmt durch die 500 Jahre, in denen sie als Moschee diente. Bereits drei Tage nach der Eroberung Konstantinopels im Jahr 1453 wurde die Kaiserkirche zur Moschee des Sultans erklärt. In der Apsis der Kirche steht das *mihrab,* die nach Mekka weisende Gebetsnische. Rechts davon ist der *minbar,* die Kanzel des Imam. Am auffälligsten sind die im Durchmesser 7,5 m großen Holzschilder auf der Höhe der Galerien, die als Kalligrafien die acht heiligsten Namen des Islam tragen. Bei näherem Hinsehen sehen Sie allerdings noch etliche Kunstwerke aus byzantinischer Zeit, vor allem Überreste der berühmten Mosaiken. Die ersten davon befinden sich bereits in den Vorräumen zum Hauptgebäude, das bekannteste ist ein Mosaik aus dem 10. Jh. direkt über dem so genannten Kaisertor. Es zeigt den thronenden Christus. Weitere Mosaiken befinden sich in der Apsis und an den Wänden der Emporen, auf die übri-

Allgegenwärtig: der Islam

Fünfmal am Tag ruft der Imam zum Gebet

Gott ist groß. Ich bekenne, dass es keinen Gott gibt außer Gott« betet der islamische Geistliche vor. Vor dem Betreten der Moschee sind Gläubige gehalten, die rituellen Waschungen vorzunehmen und die Schuhe auszuziehen. Besucher werden gebeten, ebenfalls die Schuhe auszuziehen und sich respektvoll zu benehmen. Dazu gehört, sich entsprechend zu kleiden. In der Türkei sind rund 90 Prozent der Gläubigen Sunniten. Die alewitische Minderheit, die sich wie die Schiiten im Iran auf Imam Hussein als rechtmäßigen Nachfolger des Propheten beruft, geht nicht in die Moschee, sondern trifft sich in so genannten *cemevi,* Gemeindehäusern. Der Islam ist in der Türkei trotz 77 Jahren laizistischer Republik tief verwurzelt. Die Tugend-Partei, die im Parlament die größte Oppositionsfraktion stellt, ist der politische Arm des Islam und wird vor allem von den Militärs als Hüter der laizistischen Republik argwöhnisch beobachtet. Moscheen können außerhalb der Gottesdienste besichtigt werden.

gens sowohl in byzantinischer als auch in osmanischer Zeit die Frauen verbannt wurden. Das beeindruckendste Mosaikmotiv ist ein Andachtsbild, eine Deesis, das Jesus mit Maria und Johannes dem Täufer zeigt.

Im Garten der Hagia Sophia stehen drei Mausoleen, in denen die Sultane Mehmet III., Selim II. und Murat III. ihre letzte Ruhestätte fanden. Außerdem sind rund um die Hagia Sophia in den 80er-Jahren Reste der Fundamente der Vorgängerkirche aus dem 5. Jh. freigelegt worden. *Di–So 9–16, Galerie 9–10.30 und 13–15 Uhr; Eintritt je 10 Euro (Sultanahmet)*

**Bulgar Kilisesi
(Sankt-Stephans-Kirche)** [109 F4]
Am Goldenen Horn zwischen Fener und Balat liegt diese 1892 er-

baute Kirche direkt an der Uferstraße. Im Volksmund heißt sie die »Eiserne Kirche«, weil sie komplett – inklusive der Säulen und Emporen im Inneren – aus Gusseisen erstellt wurde, nachdem der Sultan den Bau angeblich nur unter der Bedingung erlaubt hat, dass sie in einem Monat fertig gestellt wird. Tatsächlich wurde die Kirche in Teilen 1871 in Wien gegossen, per Schiff nach İstanbul gebracht und hier am Ufer zusammengebaut. Lediglich die Ikonostase ist aus Holz und stammt aus Russland.

Die Kirche sticht nicht nur durch ihr ungewöhnliches Material ins Auge, sondern ist auch Symbol des Unabhängigkeitskampfes der bulgarischen Gemeinde von der griechisch-orthodoxen Kirche. *Tgl. 9–16 Uhr; Mürsel Paşa Caddesi 85 (Balat)*

Insider Tipp

Kariye Camii (Chora-Kirche) [109 D5]

⭐ Heute ist dieses Gebäude weder eine Kirche noch eine Moschee, sondern ein Museum. Es enthält die prächtigsten byzantinischen Kirchenmosaiken, die in İstanbul noch zu sehen sind. Die um 1320 erbaute Chora-Kirche war ursprünglich Teil eines bereits im 6. Jh. gegründeten Klosters. In ihrer heutigen Form ist sie eine Stiftung des byzantinischen Kanzlers Theodoros Metochtites, der hier nach einem bewegten Leben als Mönch starb. Eines der Mosaiken zeigt ihn als Kanzler, wie er Christus die Kirche darbietet.

Viele der Mosaiken waren während der Zeit, in der die Kirche zu einer Moschee umgewandelt worden war, mit Holz verdeckt oder mit Farbe übertüncht und wurden erst in den 50er-Jahren vom »Byzantine Institut of America« wieder freigelegt. Die Mosaiken zeigen drei Erzählungen: das Leben der Muttergottes Maria, einen Bilderzyklus zur Jugendzeit Jesu sowie die Heilsgeschichte Jesu. Im Zentralraum der Kirche finden sich außerdem noch einmal ein großes Christusporträt, ein Marienbild und eine Darstellung des Todes der Maria. Viele der Mosaikarbeiten sind erstaunlich gut erhalten und zeigen in beeindruckender Weise das künstlerische Potenzial von Byzanz selbst noch zu einer Zeit, als die Blüte des Oströmischen Reiches längst vorbei war.

Die Chora-Kirche ist Teil eines größeren historischen Komplexes, den der türkische Automobilclub schön restauriert hat. Das Areal mit alten osmanischen Holzhäusern liegt etwas versteckt ganz in der Nähe der Stadtmauer am Edirnekapı. Bevor Sie weitergehen, gönnen Sie sich einen Kaffee im schönen Garten des *Kariye-Hotels!* Tgl. außer Mi 9–16.30 Uhr; Eintritt 6,50 Euro, Kariye Camii Sokak (Edirnekapı)

Insider Tipp

Synagoge Ahrida [109 E4]

Die älteste und schönste Synagoge İstanbuls hat ihren Namen von dem mazedonischen Städtchen Ohrid, aus dem die erste Gemeinde stammte. Die Synagoge war noch vor der Eroberung İstanbuls durch die Osmanen Anfang des 15. Jhs. gegründet worden. Der heutige Bau stammt aus dem 17. Jh. und weist barocke Einflüsse auf. Interessant ist der in Form eines Schiffsbugs erbaute Predigerstuhl – er soll an die Arche Noah erinnern. Einem anderen Gerücht zufolge ist er einer Galeere nachempfunden, mit der die sephardischen Juden Spanien verließen. Sabetai Zwi (1629–76), der sich seinerzeit zum Messias erklärt hatte, hat hier gepredigt. Die Synagoge kann unter der Woche nur nach Voranmeldung besichtigt werden (Oberrabbinat, Tel. 243 51 66). Gevgili Sokak (Balat)

MOSCHEEN

Fatih Camii [115 E–F2]

Diese Moschee wäre eigentlich die älteste İstanbuls, wäre sie nicht 1776 durch ein Erdbeben zerstört und im Anschluss neu aufgebaut worden. Der ursprüngliche Bau war 1463 von Mehmet II. nur zehn Jahre nach der Eroberung Konstantinopels in Auftrag gegeben worden und sollte die moslemische Antwort auf die christliche Hagia Sophia sein. Deshalb wurde auch der

Platz bewusst gewählt. Die Fatih Camii wurde auf den Ruinen der Kirche der Heiligen Apostel erbaut, auf dem vierten Hügel der Stadt, der zu byzantinischen Zeiten die Nekropole der Kaiser war. Mit der Moschee setzte sich Sultan Mehmet II., der den Beinamen »Fatih« (der Eroberer) führte, sein persönliches Denkmal. Von der alten Moschee aus dem 15. Jh. haben nur die drei Portiken des Vorhofes, das Haupttor des Gebetssaals und dessen *mihrab* (Gebetsnische) das Erdbeben überstanden. Im Hof der Moschee steht das Mausoleum des Eroberers und seiner Frau Gülbahar. Die Moschee selbst ist lediglich Teil eines größeren, zusammengehörenden Komplexes, zu dem traditionell eine religiöse Hochschule *(medrese),* eine Armenküche *(imaret),* Bäder *(hamam)* und eine Karawanserei *(han)* zählen. Die Moschee ist bis heute Mittelpunkt des gleichnamigen Stadtteils, der zu den frömmsten Bezirken İstanbuls zählt. Wer sich für traditionelles islamisches Leben interessiert, kann dies in der Fatih-Moschee und ihrer Umgebung erleben. *Mi–So 9.30–16.30 Uhr, İslambol Caddesi (Fatih)*

Rüstem Paşa Camii   [116 C2]
Diese Perle unter den kleineren Moscheen des genialen Hofbaumeisters Sinan erhebt sich über das Marktgewimmel rund um den Gewürzbasar. Die Moschee ist eine Stiftung des Großwesirs und Schwiegersohns des großen Sultans Süleyman I. Was an der Rüstem-Paşa-Moschee besticht, ist nicht nur ihre besondere Lage auf einem Podest, sondern vor allem die überreiche Ausschmückung mit den berühmten İznik-Kacheln. Die handgemachten Kacheln feinster Qualität sind nicht nur im Gebetssaal zu sehen, sondern auch an der Empore und den Stützpfeilern der Kuppel. Die Moschee sollten Sie sich aber auch schon deshalb nicht entgehen lassen, weil sie im hektischen Marktgetümmel eine Oase der Ruhe ist. *Hasırcılar Caddesi (Eminönü)*

Süleymaniye Camii   [116 B3]
★ Die Süleymaniye konkurriert in İstanbul mit der Blauen Moschee um den Titel der größten, schönsten und erhabensten Moschee der Stadt. Zwar ist die »Blaue« Sultanahmet-Moschee größer und auch bekannter, doch unter Kennern gilt die Süleymaniye als der herausragende Sakralbau der Stadt. Sie thront, von Topkapı aus gesehen, hinter dem Großen Basar über dem Goldenen Horn. Wenn man vom Galata-Turm aus auf die Altstadt schaut, ist sie nach wie vor die dominierende Figur in der Silhouette der Stadt. Sie wurde vom berühmtesten Architekten des Osmanischen Reichs, Koca Mimar Sinan, zu Ehren des berühmtesten Sultans, Süleyman des Prächtigen, zwischen 1550 bis 1557 erbaut.

Der Innenraum der Moschee wirkt vor allem durch seine Höhe überwältigend. Tatsächlich hat Sinan mit der Süleymaniye – vielleicht nur noch von seiner Selimiye-Moschee in Edirne übertroffen – ein Meisterwerk der Kuppelbaukunst abgeliefert. Der Innenhof der Moschee ist durch prächtige Arkaden gesäumt, deren Säulen aus der ehemaligen byzantinischen Kaiserloge am Hippodrom stammen sollen. Rechts neben dem Hauptgebäude der Moschee befinden sich

260 Fenster beleuchten und verzaubern den Innenraum der Blauen Moschee

die Mausoleen von Süleyman und seiner Hauptfrau Haseki Hürrem, die in der westeuropäischen Literatur unter dem Namen Roxelane bekannt ist. Sie war eine der bemerkenswertesten Frauen aus der osmanischen Dynastie und hatte großen Einfluss auf den Sultan und die Staatsgeschäfte.

An der dem Goldenen Horn abgewandte Seite der Moschee schließen sich als weitere Teile des Komplexes die Armenküche, die Hochschule und die Karawanserei an. In der früheren Armenküche ist heute ein staatliches Restaurant untergebracht, der Anblick ist wunderbar, das Essen weniger. Dafür ist im Garten nebenan ein **schöner Teegarten**, den man sich nicht entgehen lassen sollte. *Tiryakı Çarşısı Sokak (Süleymaniye)*

Insider Tipp

Sultanahmet Camii (Blaue Moschee)   [117 D–E5]

★ Auf den ersten Blick ist sie die beeindruckendste Moschee der Stadt. Über drei Stufen steigen die Kuppeln gen Himmel, und kein anderes islamisches Gotteshaus außer der heiligen Moschee in Mekka hat sechs Minarette. Um diesen Frevel zu sühnen, musste in Mekka ein zusätzliches Minarett errichtet werden. Die so genannte Blaue Moschee wurde von einem Schüler des Meisters Sinan zu Beginn des 17. Jhs. gebaut und riss ein tiefes Loch in die Staatskasse. Für die Nachwelt hat sich der Aufwand allerdings gelohnt. Bereits die Vorhöfe der Moschee, die direkt vis-à-vis der Hagia Sophia gebaut wurde, beeindrucken durch ihre Größe. Im Innern dominieren die blauen Kacheln, der rote Teppich und die riesigen Leuchter, die aus der Kuppel herabhängen. Aus einigen der 260 Fenster – viele von ihnen sind bunt verglast – schaut man auf das Marmarameer oder in einen hübschen Moscheengarten.

Mit der Blauen Moschee hatte die osmanische Sakralarchitektur ihren Höhepunkt aber bereits überschritten. In den folgenden 300 Jahren gab es keinen Baumeister mehr, der sich mit Sinan vergleichen konnte.

Die Blaue Moschee gehört für İstanbul-Besucher zum Pflichtprogramm, und das auch zu Recht. Gerade deshalb wird sie aber auch von allen möglichen Führern, Händlern und Schleppern belagert und hat fast schon den Charakter einer Moschee mit einer praktizierenden Gemeinde verloren. Trotzdem finden hier zu wichtigen Feiertagen wie der Geburt des Propheten oder der ersten Offenbarung großartige Koranrezitationen statt. In Sommernächten gibt es hier eine beeindruckende Lichtshow.

Touristen betreten die Moschee durch einen gesonderten Eingang, nichtmuslimische Frauen brauchen dabei nicht den Kopf zu bedecken. *Sultanahmet Meydanı*

PARKS

Emirgan Parkı [123 D3]

insider tipp

Der wunderbare Park oberhalb des Bosporusdorfes Emirgan ist vor allem für seine Tulpen und seine drei kleinen Schlösschen berühmt. Wenn im April das Tulpenfest gefeiert wird, blüht der gesamte Park in unzähligen verschiedenen Tulpenfarben, die alle hier gezüchtet werden. Schließlich kam die Tulpe

von der Türkei nach Holland und nicht umgekehrt, wie viele heute glauben. Die drei Pavillons, die nach ihren Farben Weißer, Gelber und Rosafarbener Pavillon genannt werden, stammen aus dem 19. Jh. und sind als Cafés zugänglich. Besonders aus dem 🔽 Rosafarbenen Pavillon hat man einen wunderbaren Blick auf den Bosporus. *Eingang Emirgan, im Winter geschl. (Emirgan), Bus oder Taxi von Beşiktaş*

Yıldız Parkı [113 F1]

Der bei İstanbulern beliebte »Sternenpark« ist der größte und schönste Park İstanbuls – ursprünglich dem Sultan vorbehalten, ist er seit Gründung der Republik auch für das gemeine Publikum geöffnet. Vom Bosporus aus geht es auf verschlungenen Pfaden steil den Hügel hinan, bis sich von oben der Blick wieder über die Stadt und das Wasser öffnet. Auch im Yıldız-Park gibt es mehrere Pavillons, von denen der größte, der *Şale Köşkü*, früher für Staatsempfänge genutzt wurde und heute ein Museum ist *(tgl. außer Mo und Do 9.30–17 Uhr, Eintritt 2 Euro). Malta Köşkü* und der *Çadır-Pavillon* sind als Cafés zugänglich. Beide Pavillons wurden durch den Automobil- und Touringclub restauriert und stilgerecht wieder eingerichtet. Besonders an Wochentagen, wenn im Park kaum jemand zu sehen ist, können Sie hier spazieren wie einst die Sultane. *Eingang von der Çırağan Caddesi (Beşiktaş)*

Insider Tipp

PLÄTZE & STRASSEN

Bağdat Caddesi [123 D–E 5–6]
Auf der asiatischen Seite gelegen, ist der Boulevard ein modernes und

europäisches Zentrum İstanbuls. Von Bostancı im Osten bis Kızıltoprak im Westen zieht diese Schlagader der modernen Stadt sich kilometerweit mit mondänen Geschäften, (teuren!) Cafés und Restaurants oberhalb des Marmarameeres entlang und lädt zum Flanieren ein. *Dolmuş von Kadiköy (am alten Fähranleger) Richtung Bostancı (Kadıköy)*

Divan Yolu [117 D5]

Die ehemalige Hauptstraße der byzantinischen Hauptstadt ist nun zu einer Fußgängerzone entlang der berühmtesten Sehenswürdigkeiten der Stadt geworden. Sie liegen links der Divan Yolu, während sich rechts die Cafés, Souvenirläden und Hotels drängeln. Weiter unten wird aus der Fußgängerzone dann wieder eine mit Autos verstopfte Straße, die Sie zum Großen Basar und weiter nach Laleli und Fatih bringt.

Hier leben rund um die alten und neuen Moscheen die frommsten Gläubigen İstanbuls. *Straßenbahn von Eminönü/Sirkeci, Sultanahmet aussteigen (Cağaloğlu)*

Eminönü Meydanı [117 D2]

Fast zwangsläufig landet jeder İstanbul-Besucher in Eminönü, weil hier die Galata-Brücke die Altstadt mit dem modernen İstanbul verbindet, in Eminönü die Fähren zur asiatischen Seite an- und ablegen und viele Stadtbusse und Straßenbahnen hier ihre Endhaltestelle haben. Erleben Sie das Gewirr bei einem Stehimbiss mit leckerem Fischbrot vom Boot! *Eminönü* **Insider Tipp**

İstiklal Caddesi [111 E–F 4–5]

Die Fußgängerzone mit ihrer nostalgischen Straßenbahn ist das pulsierende europäische Herz İstanbuls. Vom oberen Ausgang der Zahnradbahn *Tünel* bis zum Tak-

Im Zentrum des »westlichen« İstanbul: die İstiklal Caddesi

sim-Platz zieht sie sich mitten durch den Stadtteil Beyoğlu, der seit hundert Jahren zum Inbegriff der Verwestlichung geworden ist. Auch wer in İstanbul ins Kino oder in ein Musiklokal gehen will, landet unweigerlich hier. Aber sie ist nicht nur eine Vergnügungsmeile: Viele schöne Buchläden, Antiquariate und Galerien machen die Straße auch zur Kulturmeile. Kirchen laden nicht nur zu Weihnachten zum Besuch ein. Vor allem im unteren Drittel liegen hinter hohen Mauern ausländische Konsulate, oft prächtige Gebäude, die in osmanischen Zeiten Botschaften waren. Auch andere Häuser wie das Galatasaray-Gymnasium und große Passagen erinnern daran, dass sich gegen Ende des 19. Jhs. hier vor allem reiche Europäer niedergelassen hatten. Aber Achtung: Samstagabends und sonntags ist es hier rammelvoll! *Von Karaköy mit dem Tünel hochfahren oder vom Taksim-Platz aus betreten (Beyoğlu)*

Taksim Meydanı   [112 A3]

Rund um das Denkmal der Republik (Cumhuriyet Anıtı) erstreckt sich der größte Platz der Stadt und einer der am dichtesten befahrenen dazu. Taksim wurde in den 30er-Jahren als neues Symbol der modernen Republik angelegt. In den 70er-Jahren wurde Taksim zum Hauptdemonstrationsplatz der Stadt: Unvergessen ist die Kundgebung zum 1. Mai 1977, die durch Provokationen von Seiten der extremen Rechten ein blutiges Ende nahm und zu zahlreichen Todesopfern führte. Heute ist Taksim mit der Oper, seinen Hotels, Fluggesellschaften und Banken das

Sinan, der Meisterarchitekt

Niemand hat die Silhouette İstanbuls mehr geprägt als er

Wann immer man in İstanbul vor einer besonders schönen Moschee steht und nach dem Architekten fragt, kommt mit wenigen Ausnahmen dieselbe Antwort: Sinan. Koca Mimar Sinan (1491–1588) war ein begnadeter Künstler und Architekt und fand in Sultan Süleyman dem Prächtigen einen Gönner, der begeistert auch die kostspieligsten Projekte finanzierte. Sinan kam, wie viele andere, die später am Hof Karriere machten, durch die so genannte Knabenlese – die jährliche Auswahl nichtmuslimischer Kinder zur Erziehung für höhere Staatsaufgaben – nach İstanbul und wurde dort in der Palastschule zum Muslim erzogen und zunächst als Militäringenieur ausgebildet. Als Festungsbauer fiel er dem Sultan auf, der ihn dann 1538 zum obersten Hofbaumeister machte. Die bekanntesten Moscheen Sinans sind die Süleymaniye, durch die sich der Sultan verewigte, und die Selimiye. Sinan wurde 97 Jahre alt und baute insgesamt 131 Moscheen und über 200 andere Bauwerke.

Traditionelle osmanische Architektur in Arnavutköy

friedliche Aushängeschild des geschäftigen, neuen İstanbul. Rund um den Taksim-Platz sind die Haltestellen für die *dolmuş* genannten Sammeltaxis, mit denen man am schnellsten und preiswertesten entferntere Stadtteile erreicht. *(Taksim)*

STADTVIERTEL

Arnavutköy   **[123 D4]**
★ ◁▷ Arnavutköy bedeutet »Dorf der Albaner« und verweist darauf, dass dieser Platz ursprünglich einmal von albanischen Einwanderern erbaut worden ist. Noch vor dreißig Jahren ein schlichtes Dorf am Bosporus, gehört Arnavutköy heute fast noch zum Zentrum. Obwohl die vor zehn Jahren neu aufgeschüttete mehrspurige Uferstraße von seinem Charme einiges zerstört hat, ist es immer noch der Platz in İstanbul, an dem die meisten ursprünglichen osmanischen Holzhäuser auf engem Raum erhalten sind. Wie einige andere Bosporusviertel hat auch

Arnavutköy davon profitiert, dass etliche Künstler, Intellektuelle, aber zunehmend auch betuchte Ausländer den besonderen Charme der alten Bebauung entdeckt haben und viele Häuser dadurch vor dem Verfall gerettet wurden. Seit dem Erdbeben 1999 gibt es einen regelrechten Run auf die alten Holzhäuser, weil sich herausgestellt hat, dass sie viel sicherer sind als die neuen Betonbauten. *Bus und Dolmuş von Beşiktaş*

Eyüp   **[108–109 C–D 1–2]**
Wer nicht bis Mekka kommt, geht wenigstens am Zuckerfest, zum feierlichen Abschluss des Fastenmonats Ramadan, in die Moschee von Eyüp. Eyüp ist das »heilige Viertel« İstanbuls und mit dem Schrein von Eyüp Ensari, dem Fahnenträger Mohammeds, der bei der ersten arabischen Belagerung Konstantinopels im 7. Jh. hier sein Leben ließ, ein Wallfahrtsort für Gläubige aus der ganzen Türkei. Gleich nach der

Inside Tipp

Eroberung der Stadt 1453 ließ Mehmed II. zu Ehren des Märtyrers hier eine große Moschee bauen und seine Gebeine, deren Fundstelle einem Imam im Traum immerhin 700 Jahre nach seinem Tod erschien, feierlich zum zweiten Mal beisetzen. Damit begannen die Osmanen, ihrer Hauptstadt zielstrebig mehr Gewicht in der islamischen Welt zu verschaffen. Neben der sehenswerten Eyüp-Moschee liegt ein großer Friedhof, weil fromme Muslime möglichst in der Nähe des Heiligen beerdigt werden wollten. Durch den Friedhof führt ein schöner Spazierweg den Hang hinauf zu dem bekannten, im osmanischen Stil eingerichteten Café *Pierre Loti* mit schönem Blick über das Goldene Horn. *Bus und Fähre von Eminönü*

Kadıköy [123 D5]

Der südlich an Üsküdar anschließende Stadtteil nimmt den Platz des antiken Chalkedon ein, wo im Jahr 451 das vierte ökumenische Konzil stattfand. Vom Fähranleger in Kadıköy erstreckt sich rechter

Hand den Hügel hinauf die teilweise für Autos gesperrte Altstadt. Hier gibt es Antiqitätenläden, die nicht so touristisch sind wie »auf der anderen Seite«, deshalb aber nicht weniger interessant und im Preis deutlich günstiger. Wer Lust auf einen ausgedehnten Spaziergang am Meer hat, kann dies von Kadıköy in Richtung Bostancı auf einer für Fußgänger angelegten Promenade weit angenehmer tun als irgendwo auf der europäischen Seite. Zwar ist von den früheren Badesträmden in Moda oder Fenerbahçe nichts mehr übrig geblieben, dafür gibt es nun Parks und Segelmarinas. *Dolmuş vom Taksim-Platz über die Brücke oder Fähren von Karaköy oder Eminönü*

Insider Tipp

Ortaköy [123 D4]

Ortaköy ist von Taksim aus gesehen das erste ehemalige Fischerdorf am Bosporus. Es beginnt am Ufer und erstreckt sich auf die Hügel oberhalb der Meerenge. Traditionell hatte Ortaköy immer multikulturellen Charakter. Zwei Kirchen, eine

Insider Tipp

In Ortaköy trifft man auf Künstler und junge Leute

Richtig fit!

Kilometerlange Joggingstrecke direkt am Meer

Wer auch in İstanbul nicht auf tägliches Joggen verzichten will, sollte am besten ein Hotel auf der asiatischen Seite der Stadt buchen. Dort findet man entlang des Marmarameeres kilometerlange Promenaden, auf denen man ungestört von Autoverkehr laufen kann. Als Start bietet sich der Leuchtturm von Fenerbahçe im gleichnamigen Stadtteil an, von wo aus Sie ostwärts am Meer entlang vorbei an Marinas bis zum Fähranleger in Bostancı joggen können. Dort stehen dann Taxis und Busse, mit denen Sie über die Bağdat Caddesi zurückkommen.

Synagoge und eine Moschee liegen im Uferbereich immer noch dicht beieinander. In den 80er-Jahren entdeckten dann junge Künstler und Intellektuelle den Charme Ortaköys und eröffneten hier Ateliers und Buchläden. Die alten Häuser wurden restauriert und in Cafés und Restaurants umgewandelt. Am Wochenende gibt es im Viertel einen lebhaften und florierenden Kleinkunstmarkt.

Das Wahrzeichen des Viertels ist die zierlich wirkende barocke *Ortaköy-Moschee* mit zwei schlanken Minaretten. Sie trägt die Handschrift des armenischen Hofarchitekten Nikogos Balyan. Der Sultan pflegte im 19. Jh. mit seinem stattlichen Boot vom Dolmabahçe-Palast zum Freitagsgebet hierher überzusetzen. *Bus von Beşiktaş*

Sultanahmet [116–117 C–F 3–6]
Wohl kaum ein Besucher verlässt İstanbul, ohne in Sultanahmet gewesen zu sein. Hier ist alles versammelt, was jeder Prospekt über die Stadt zeigt: die Hagia Sophia und die Blaue Moschee, der Topkapı-Palast und das Hippodrom.

Kurz, Sultanahmet, benannt nach dem Monarchen, der zu Beginn des 17. Jhs. die Blaue Moschee bauen ließ, ist heute das touristische Zentrum İstanbuls. Entlang der historischen Strecke wurde die Divan Yolu für den Autoverkehr gesperrt. sodass man in aller Ruhe die majestätische Kulisse der ehrwürdigen Bauten auf sich wirken lassen kann. *Straßenbahn von Eminönü / Sirkeci oder zu Fuß*

Üsküdar [119 E–F 1–2]
Der Stadtteil auf der asiatischen Seite İstanbuls war bereits in der Antike der Brückenkopf zum Bosporus. Seit dem 8. Jh. schlugen Muslime und Kreuzfahrer bei Belagerungen İstanbuls hier ihre Lager auf. Schon 1352, rund ein Jahrhundert vor der Eroberung Konstantinopels, hatten die Osmanen Üsküdar (gr. Scutari) eingenommen. Nach der endgültigen Einnahme der Stadt wurde der Ort zum größten muslimischen Viertel İstanbuls. Er hat seinen traditionell-frommen Charakter bis heute beibehalten. *Fähre und Motorboot vom gegenüberliegenden Beşiktaş*

Kunst aus 3000 Jahren

Von archäologischen Fundstücken über Sultansbarken bis zu modernen Comics – İstanbuler Museen bieten für jeden Geschmack etwas

Anders als Paris, London oder New York hat İstanbul keine großen Bildergalerien. Malerei war zu osmanischen Zeiten aus religiösen Gründen nur in engen Grenzen möglich, und deshalb hat diese Kunstform eine relativ kurze Geschichte. Ein Museum der Modernen Kunst ist gleichwohl in Planung – es soll im Pera-Palas-Hotel untergebracht werden. Der Schwerpunkt liegt in İstanbul auf archäologischen Sammlungen, Exponaten aus 3000 Jahren Stadtgeschichte und Ausstellungen, die spezielle orientalische Kunstformen wie Kalligrafie, Miniaturmalerei oder einzigartige Teppichsammlungen präsentieren. Viele Museen liegen in unmittelbarer Nähe der bekanntesten Sehenswürdigkeiten, sodass sich z. B. ein Besuch des Topkapı-Palastes und des Archäologischen Museums gut miteinander verbinden lassen.

Arkeoloji Müzesi (Archäologisches Museum)   [117 E4]

★ Das archäologische Museum wurde vor allem gebaut, um ein

Faszinierende Dachlandschaft: die Dächer des Topkapı-Palastes

herausragendes Fundstück angemessen ausstellen zu können: den *Alexandersarkophag,* den türkische Archäologen in Sidon im heutigen Libanon fanden. In dem Sarkophag wurde zwar nicht Alexander der Große, sondern ein libanesischer König bestattet, aber Alexander ist hier in einer sehr alten, einzigartig erhaltenen Form dargestellt. Der weltberühmte Sarkophag stammt aus dem Jahr 310 v. Chr., ist völlig unzerstört und zeigt in wunderbaren Marmorreliefs den Kaiser bei einer Löwen- und Pantherjagd.

Außer diesem Prunkstück sind weitere Sarkophage aus Sidon und in mehreren Sälen Skulpturen aus griechischer, römischer und byzantinischer Zeit ausgestellt. In einem Nebentrakt kann man sich Fundstücke aus der Frühgeschichte İstanbuls anschauen.

Das 2000 renovierte *Museum für Altorientalische Kunst (Eski Şark Eserleri Müzesi)* in einem eigenen Gebäude auf demselben Gelände ist sehr schön und übersichtlich gestaltet und versammelt sehenswerte Exponate aus dem alten Mesopotamien, hauptsächlich aus babylonischer und assyrischer Zeit. Die besondere Attraktion ist der in hethitischer Keilschrift verfasste, 1259 v. Chr. zwischen dem hethitischen Großkönig Hattusili II. und dem ägyptischen Pharao Ramses II. geschlossene Friedensvertrag von Kadesch – das älteste überlieferte Dokument dieser Art überhaupt, von dem eine Kopie im New Yorker UN-Gebäude hängt.

Insider Tipp

Ein drittes, kleines Gebäude auf dem Museumsareal wird seit längerer Zeit renoviert, soll jedoch 2005 wieder zugänglich sein. Es ist das *Çinili Köşk* (Fayencemuseum) mit wertvollen Exponaten aus mehreren Epochen. Die Kunst, farbige, durch Glasur geschützte Kacheln zu produzieren, war im Osmanischen Reich hoch entwickelt. Da der Islam Porträtmalerei aus Angst vor neuen »Götzen« verbot, wurde viel künstlerische Energie auf ornamentale Kunst verwendet. Ein sehr beliebtes Motiv seit dem 17. Jh. war die Tulpe. Farblich dominiert das Azurblau, dessen Formel nur wenige Meister beherrschten. Das Schlösschen selbst wurde 1472 von Mehmet II. erbaut. Der Çinili Köşk ist das älteste Gebäude des Topkapı-Palastes. *Tgl. außer Mo 9–17 Uhr, Eintritt 5 Euro, Osman Hamdi Bey, Yokusu, Gülhane (Eminönü), Zugang vom Gülhane-Park*

Askeri Müze (Militärmuseum) [122 C4]

Liebhaber militärischen Geräts können hier eine Fülle von Exponaten besichtigen. Berühmt ist die Sammlung von Prunkzelten, in denen die osmanischen Sultane während ihrer Feldzüge zu nächtigen pflegten. Die Traditionspflege des Museums sieht vor, dass jeden Tag um 15 Uhr eine als Janitscharen kostümierte Kapelle antritt und den Besuchern

den Marsch bläst. *Di–So 9–17 Uhr, Eintritt 2,50 Euro, Cumhuriyet Caddesi (Harbiye)*

Basın Müzesi (Pressemuseum) [116–117 C–D5]

In dem 1870 als erstes Universitätsgebäude İstanbuls erbauten Haus wird auf vier Stockwerken die Geschichte des türkischen Pressewesens dargestellt. Satz- und Druckmaschienen, Reprints aus dem 19. Jh., eine Kollektion persönlicher Gegenstände bekannter Journalisten und eine ständige Ausstellung über die halbstaatliche Nachrichtenagentur Anadolo Ajansi. Bibliothek und Lesesaal sind zugänglich. *Tgl. außer So 10–18 Uhr, Eintritt 2,50 Euro, Divan Yolu Caddesi 84 (Sultanahmet)*

Deniz Müzesi (Marinemuseum) [113 E2]

Das Marinemuseum ist kein reines Militärmuseum, sondern gibt einen guten Überblick über die osmanische Seefahrt insgesamt. Für nautisch Interessierte ist es eine kleine Fundgrube, weil es neben einer Vielzahl von Schiffsmodellen auch alte osmanische Seekarten und Navigationsinstrumente zeigt. Besonders eindrucksvoll ist die Sammlung alter Sultansbarken, die im Original in einer über den Museumsgarten zu erreichenden Halle zu sehen sind. *Tgl. außer Mi und Do 9–17 Uhr, Eintritt 4 Euro, Barbaros Hayrettin Paşa İskelesi Sokak (Beşiktaş)*

Insider Tipp

Divan Edebiyatı Müzesi (Museum der Diwanliteratur) [111 E6]

Im alten Derwischkloster von Galata sind kostbare Handschriften von osmanischen Dichtern ausgestellt. Wer die so genannte Diwanliteratur besichtigt, sollte sich aber auf keinen Fall das Sektenhaus entgehen lassen, in dessen zentralem Raum Gewänder, Schriften und alte Musikinstrumente ausgestellt sind.

Der islamische Orden, im Westen als Tanzende Derwische bekannt, heißt korrekt Mevlana-Orden und geht auf den Mystiker Celaleddin Rumi zurück, der im 13. Jh. nach Anatolien kam und seinen Orden gründete. Er lehrte Toleranz und den Glauben an einen gemeinsamen Gott. Bei ihrer religiös-mystischen Tanzzeremonie, dem Sema, versenken sich seine Anhänger in Gott. *Tgl. außer Mo und Di 9.30–17 Uhr, Eintritt 1,25 Euro, Galipdede Caddesi 15 (Tünel)*

Halı ve Kilim Müzesi (Teppich- und Kelimmuseum)   [117 E5]

In einem Nebengebäude der Blauen Moschee untergebracht, können Sie hier wertvolle alte Teppiche und Kelims aus allen Regionen Anatoliens anschauen. *Di–So 9–12 und 13–16 Uhr, Eintritt 2,50 Euro, Hünkar Kasrı (Sultanahmet)*

Hat Sanatları Müzesi (Kalligrafiemuseum)   [116 C4]

Untergebracht in der *medrese* (Schule) der Beyazıt-Moschee am Rande des Großen Basars, zeigt das Museum ausgesuchte Beispiele feiner Kalligrafien, darunter Sultanssiegel und Werke weiblicher Kalligrafen. Das interessanteste Exponat des Museums ist eine Tafel, auf der Scheich Mehmet Selim el-Kadiri 1880–87 den gesamten Koran einarbeitete. *Di–Sa 9–16 Uhr, Eintritt 2,50 Euro, Beyazıt Meydanı (Beyazıt)*

Karikatür Müzesi (Karikaturenmuseum)   [116 A3]

Das Karikaturenmuseum versammelt eine Kollektion, die bis ins Jahr 1870 zurückgeht, und ist in einer schönen osmanischen *medrese* untergebracht. *Tgl. 10–18 Uhr, Eintritt 1,25 Euro, Kovacılar Sokak 12, am Atatürk Bulvarı (Fatih)*

Miniatürk   [122 C4]

In einem Park am Ende des Goldenen Horns sind seit 2003 ca. 100 Modelle türkischer Monumente versammelt. Die Ausstellung umfasst auch die griechische Antike und osmanische Werke außerhalb der Türkei. Sehr interessant! *Tgl. 10–18 Uhr, Eintritt 3,25 Euro, İmrahor Caddesi, Borsa Durağı (Sütlüce)*

Mozaik Müzesi (Mosaikmuseum)   [117 E5]

Die restaurierten Mosaiken des byzantinischen Kaiserpalastes sind an

---

MARCO POLO Highlights
»Museen«

★ **Archäologisches Museum**
Eindrucksvolle Begegnung mit Alexander dem Großen und der klassischen Antike (Seite 43)

★ **Museum für türkische und islamische Kunst**
Kostbarkeiten im Palast des Großwesirs Ibrahim Pascha (Seite 47)

Hervorragende Beispiele osmanischer Fliesenkunst im Topkapı-Palast

Ort und Stelle zu einem Museum umgebaut worden. Die am besten erhaltenen **Fußbodenmosaike** zeigen Jagd- und Hirtenszenen. Das Museum wurde mit österreichischen und deutschen Sponsorengeldern in den letzten Jahren neu aufgebaut und erklärt anschaulich, wie die byzantinischen Kaiserpaläste einmal angeordnet waren. Die Erläuterungen sind ins Deutsche und Englische übersetzt. *Tgl. außer Mo 9.30–17 Uhr, Eintritt 1,25 Euro, Kabasakal Caddesi, hinter dem Arasta-Markt (Sultanahmet)*

Golden Horn hat die Stiftung ein Industriemuseum aufgebaut, das von seiner Präsentation her den besten europäischen Standards entspricht. Versammelt sind neben Eisenbahn, Flugzeug und Schifffahrt auch Entwicklungen der Kommunikationstechnik und der Astronomie. **Begehbare Kapitänsbrücken,** ein echtes U-Boot am Steg und schöne Miniatureisenbahnen machen das Museum auch für Kinder interessant. *Tgl. außer Mo 10–17 Uhr, Eintritt 5 Euro, www.rmk.museum.org.tr, Hasköy Caddesi 27 (Hasköy)*

Rahmi Koç Sanayi Müzesi (Rahmi Koç Industrie-Museum) [110 A2]

Das von dem Großindustriellen Rahmi Koç gestiftete Museum ist ein hervorragendes Beispiel dafür, wie man historische Bauten einer neuen Nutzung zuführen kann. Im ehemaligen Ankerhaus des früheren Arsenals (der Schiffswerften) am

Resim ve Heykel Müzesi (Museum für Malerei und Bildhauerei) [113 E2]

Bedingt durch das Bilderverbot im Islam hat sich eine Malerei im europäischen Sinne in der Türkei erst im späten 19. Jh. entwickelt. Zuvor gab es lediglich standardisierte Miniaturenmalerei, über die der derzeit bekannteste türkische Romancier, Orhan Pamuk, den auch ins Deutsche übersetzten Roman »Rot ist mein Name« geschrieben hat. Das Verbot der Porträtmalerei wurde erstmals durchbrochen, als der Eroberer Konstantinopels, Mehmet II., sich von dem italienischen Künstler Gentile Bellini malen ließ. In dem Museum direkt neben dem Dolmabahçe-Palast werden vor allem Arbeiten türkischer Künstler aus dem 19. und 20. Jh. ausgestellt. *Tgl. außer Mo und Do 9.30–16.30 Uhr, Eintritt 3,50 Euro, Dolmabahçe Caddesi 112 (Beşiktaş)*

Sadberk Hanım Müzesi [123 D2]
In diesem Haus am Bosporus wird die Privatsammlung der türkischen Industriellenfamilie Koç ausgestellt. Von archäologischen Fundstücken über osmanische Kunst bis zu İznik-Kacheln und chinesischem Porzellan können hier außergewöhnliche Sammlerstücke besichtigt werden, die die Familie über Generationen zusammengetragen hat. *Tgl. außer Mi 10–18 Uhr, Okt.–März 10–17 Uhr, Eintritt 3,50 Euro, www.sadberkhanimmuzesi.org.tr, Piyasa Caddesi 27–29 (Büyükdere)*

Türk ve İslam Eserleri Müzesi (Museum für türkische und islamische Kunst) [117 D5–6]
★ Das Haus am Hippodrom gehörte einem der reichsten Großwesire der osmanischen Geschichte, İbrahim Pascha. Er ließ sich einen Palast bauen, der an Prunk selbst die Gemächer des Sultans übertraf. Das restaurierte Haus besitzt eine einzigartige Sammlung seldschukischer Teppiche, kostbarer Miniaturen, Kalligrafien und Keramiken. Die Prachtentfaltung ist İbrahim Pascha schlecht bekommen: Der Sultan ließ ihn erdrosseln, weil er fürchtete, sein Wesir könnte zu mächtig werden. *Tgl. außer Mo 9.30–16.30 Uhr, Eintritt 2,50 Euro, İbrahim Paşa Sarayı, At Meydanı 46 (Sultanahmet)*

Insider Tipp

Die Kunst der Fayencen

Kacheln aus İznik genossen im 16. Jh. Weltruhm

Im frühen 15. Jh. wurden sie noch blau-weiß hergestellt, später kamen andere Farben hinzu: Die Kacheln aus İznik, dem byzantinischen Nicäa, waren berühmt, weil die Handwerksmeister ein besonderes, geheim gehaltenes Verfahren entwickelt hatten, um die Farben unter der Glasur dauerhaft zu schützen. Vom Harem im Topkapı-Palast bis zum Felsendom in Jerusalem sind berühmte Bauwerke mit İznik-Kacheln geschmückt worden. In den İstanbuler Moscheen finden sich die schönsten Beispiele in der Süleymaniye-Moschee, der Rüstem-Paşa- und der Blauen Moschee. Im 17. Jh. geriet die Kunst der Fayencenproduktion in Vergessenheit. Erst vor 15 Jahren begannen Wissenschaftler und Künstler, die Tradition wiederzubeleben. Die Ergebnisse dieser Bemühungen kann man in der Metro am Taksim-Platz bewundern, wo große Motive aus neuen İznik-Kacheln die Wände schmücken.

Palastküche mit viel Fisch

Auf ihre Münzen prägten die Byzantiner den Bosporusfisch, heute kommt er immer ganz frisch auf den Tisch

Den Hunger zu stillen ist in İstanbul bloß ein Nebeneffekt des Essens: Hier setzt man sich zu Hause an den Tisch, um mit der Familie zusammen zu sein, und auswärts im Restaurant, um mit Freunden ausgelassen zu plaudern und zu feiern. Die İstanbuler Küche bietet dazu den besten Rahmen: Schon seit byzantinischer Zeit ist sie eine gelungene Synthese aus Butter und Olivenöl, Teigwaren, Fisch, Fleisch und Milchspeisen. In den letzten Jahren hat sich aber auch die internationale Küche erfolgreich am Bosporus etabliert.

Fisch steht natürlich auf Platz eins der Speisekarte. Er kommt entweder direkt aus dem Bosporus oder wird im Schwarzen Meer oder in der Ägäis gefangen. Manche Fische schmecken am besten gegrillt, z. B. *lüfer* (Blaubarsch), *palamut* (Bonito) und *sardalya* (Sardinen); andere werden lieber gebraten: *kalkan* (Steinbutt), *barbunya* (Meerbarbe) und *hamsi* (Sardinen aus dem Schwarzen Meer). Probieren Sie auch den leckeren Seebarsch *(levrek)* im Sud oder den mit Käse überbackenen Krabbentopf mit Pilzen und Tomaten *(karides güveç)*. Kılıç (Schwertfisch) ist am Spieß eine Delikatesse. Tintenfische *(ahtapot)* werden als Salat und Hummerkrabben *(böcek)* gegrillt serviert. Lassen Sie sich bei der Auswahl vom Kellner beraten, und fragen Sie ruhig nach dem Preis – oft wird der Fisch abgewogen.

Die Byzantiner frühstückten gar nicht, und die İstanbuler begnügen sich morgens auch nur mit ein paar Scheiben Weißbrot mit Oliven, Schafskäse und Honig zum Tee. Aber keine Angst, die meisten Hotels bieten mittlerweile reichhaltige Büfetts zum Frühstück, bei denen es an nichts fehlt.

Auch beim Mittagessen hält man sich in İstanbul eher zurück. Am besten gehen Sie in eines der kleinen Esslokale, wo auch die Bewohner des Viertels ihre Mahlzeit einnehmen. Hier ist schmackhafte Hausmannskost angesagt: vorweg eine Tomaten- *(domates)* oder Linsensuppe *(mercimek çorbası);* als Hauptgang Hackfleischbällchen mit Beilage *(köfte)*, Huhn mit Reis *(tavuklu pilav)*, das berühmte *döner kebap* vom Spieß oder ein Gemüsegericht der Saison *(sebze)*.

Çiçek Pasaji:
Jugendstilpassage in Beyoğlu

Und als Snack zwischendurch einen schmackhaften döner kebap

İstanbuler gehen nicht vor 20 Uhr essen. Und das Essen hat seine Rituale: Zuerst werden die Getränke serviert – entweder Rakı, ein etwa 48-prozentiger Anisschnaps, Bier *(bira)* oder Wein *(şarap)*. Unter den Bieren empfiehlt sich das Efes Pilsener, unter den Weinen z. B. die trockenen Weißweine der Marke *Çankaya*. Als Rotwein sollte man einen *Yakut* nehmen, und *Villa Doluca* ist als Rot- wie Weißwein gut.

Wählen Sie dann unter den fertigen kalten Vorspeisen *(meze)* einige aus und warten dann auf die warmen Zwischengerichte, die Sie bestellt haben. Nach einer Weile, das kann durchaus eine Stunde dauern, bestellen Sie dann Ihr Hauptgericht: Entweder jeder eine Portion Fisch oder Fleisch oder »etwas in die Mitte« – die Kellner werden Ihren Wünschen immer entgegenkommen.

Bei den Desserts macht sich der arabisch-persische Einfluss in İstanbul bemerkbar. Erwähnt seien hier nur *baklava,* hauchdünner, mit Pistazien oder Walnüssen gefüllter und in Zuckersirup getränkter Blätterteig, und die verschiedenen Puddingsorten *(muhallebi)*. Türken essen aber auch gerne nur frisches Obst *(meyve)* als Dessert – es wird geschält und geschnitten serviert. Zum Schluss kommt Ihr Mokka: *sade* (ungezuckert), *orta* (mittelsüß) oder *şekerli* (süß).

CAFÉS & SNACKBARS

Café Ara [111 E4]

Inside Tipp

Von einem Filmemacher eröffnet, ist das Ara Treff für alle Filmschaffenden vor und hinter der Kamera. Kurzfilmvorführungen, Foto- und Gemäldeausstellungen. Preiswert und interessant. *Tgl. 11–24 Uhr, İstiklal Caddesi Tosbağ Sokak 8 (Galatasaray)*

Cennet Muhallebicisi [117 D5]

Das Traditionslokal ist gut für einen Snack auf der klassischen Besichtigungsroute in Sultanahmet. Empfehlenswert: *Börek* mit Schafskäse. *Tgl. außer So 9–19 Uhr, Divan Yolu 90 (Cağaloğlu)*

Dostlar Nargile
Kıraathanesi   [116 B4–5]
Die Wasserpfeife *nargile* ist in İstanbul sehr in, und Dostlar ist eines der ältesten Nargilecafés der Stadt. Obwohl das Wasserpfeifenrauchen traditionell eine Männerbeschäftigung ist, beteiligen sich mittlerweile auch Frauen an dem Spaß. Wer will, hält sich an Tee und Kaffee. *Tgl. 7–24 Uhr, Ordu Caddesi Ecke Kalaycışevki Sokak 16 (Laleli)*

İnci   [112 A4]
Die Spezialität der Patisserie sind *Insider Tipp* Profiteroles – ein französisches Des-sert mit Schokolade und Vanille, das Ihnen eine Sünde wert sein sollte. İnci ist seit 40 Jahren die beste Adresse dafür. *Tgl. 9–20 Uhr, İstiklal Caddesi 124 (Beyoğlu)*

Leman   [111 F4]
🏃 Das gleichnamige Café ist im Verlag des meistgelesenen Satiremagazins »Leman« zu finden. Karikaturisten, Künstler, Studenten. Viel Platz auf zwei Etagen. *So–Do 12–24, Fr und Sa bis 2 Uhr, İmam Adnan Sokak 20 (Beyoğlu)*

Limonlu Bahçe   [111 F5] *Insider Tipp*
Der »Zitronengarten« im Herzen der Péra ähnelt einer grünen Oase. Ideal für ein paar ruhige Stunden. *Tgl. 10–24 Uhr, Yenicarsi Caddesi 98 (Galatasaray)*

MARCO POLO Highlights »Essen & Trinken«

★ **Pandeli**
Beim Basarbummel höchst willkommen: Einkehr für Gourmets in adäquater Umgebung (Seite 53)

★ **Façyo**
Hervorragendes Fischrestaurant in der Bucht von Tarabya (Seite 52)

★ **Hacı Baba Restoran**
Klassische türkische Küche in angenehmer Umgebung (Seite 54)

★ **Koço**
Das älteste Fischrestaurant auf der asiatischen Seite (Seite 54)

★ **Rumeli Hisar İskele**
Herrliches Terrassenrestaurant am Fuß der Brücke (Seite 53)

★ **Milto**
Frische Hummer und Garnelen auf der Prinzeninsel (Seite 54)

★ **Pescatore**
Für den Abend am Bosporus: weit draußen, aber konkurrenzlos (Seite 53)

★ **Sarnıç Lokantası**
Zisterne bei Kerzenlicht: göttlich speisen in der Unterwelt (Seite 53)

Die Gourmettempel von İstanbul

Feriye [123 D4]

⚜ Lage, Ambiente, vor allem aber das Niveau der Küche machen das Restaurant zur ersten Gourmetadresse. Vedat Basaran zeigt in dem kleinen Palais am Bosporus, was authentische osmanische Küche sein kann. Menü um 60 Euro. *Tgl. 12–15 und 19–24 Uhr, Çırağan Caddesi 124 (Beşiktaş), Tel. 227 22 16*

Tuğra [123 D4]

⚜ Raffinierte osmanische Küche nach Originalrezepten aus den Kochbüchern alter Familien und der Hofküche der Sultane. Im restaurierten Palast des Çırağan Palace Hotel Kempinski mit schönem Blick auf den Bosporus. Menü um 60 Euro. *Tgl. außer Mo 19–23 Uhr, Çırağan Caddesi 84 (Beşiktaş), Tel. 258 33 77*

Lina's Sandwich Café [122 C4]

🏃 Treffpunkt der Jeunesse dorée des modernen Stadtteils Nişantaşı. Exzellente Sandwichs, köstliche Toasts. *Tgl. außer So 9–24 Uhr, Valikonağı Caddesi 30 (Nişantaşı)*

Café Mavi [122 C4]

Schönes Straßencafé im mondänen Wohn- und Geschäftsviertel Nişantaşı. Sehr beliebt bei Frauen. Bistroküche. *Tgl. außer So 9–20 Uhr, Abdi Ipekci Caddesi 20 (Nişantaşı)*

Patisserie de Péra [111 E5]

Insider Tipp

Five-O'Clock-Tea im Jugendstilambiente des Hotels Pera Palas. Nicht nur für ältere Damen. *Tgl. 11–20 Uhr, Meşrutiyet Caddesi 98–100 (Tepebaşı)*

Şark Kahvesi [116 C4]

Im Großen Basar haben mittlerweile auch moderne Cafés eröffnet. Das »Orientalische Kaffeehaus« ist von Anfang an dabei und hat seinen Charme nicht eingebüßt. Nicht nur Touristen kehren hier ein, sondern die Händler selbst. *Tgl. außer So 8–19 Uhr, Kapalı Çarşı (Beyazıt)*

RESTAURANTS €€€

Changa [112 A4]

Sehr schick mit exzellenter Küche. In Reichweite sind viele Kneipen und Diskotheken. *So–Do 18–1 Uhr, Fr–Sa 18–2 Uhr, Sıraselviler Caddesi 97/1 (Taksim), Tel. 249 13 48*

Deniz [123 D4]

Frische Fische, Krabben, Hummer am europäischen Ufer des Bosporus, unweit von Ortaköy. Da Deniz am Wochenende ziemlich überfüllt ist, empfiehlt sich eine Reservierung. *Tgl. 12–24 Uhr, Kefeliköy Caddesi 23 (Kireçburnu), Tel. 262 04 07*

Façyo [123 D3]

★ ⚜ Eines der ältesten und besten Fischrestaurants der Stadt. Liegt weit oben am Bosporus, in der Bucht von Tarabya mit schönem Blick. Nicht nur sein Schokoladensoufflé ist legendär, sondern auch der gedünstete Seebarsch *(levrek buğulama). Tgl. 12–24 Uhr, Kireçburnu Caddesi 13 (Tarabya), Tel. 262 00 24*

Lacivert [123 D–E4]

〰️ Stadtvilla direkt am asiatischen Ufer mit sagenhaftem Blick. Im Sommer sitzt man draußen. Shuttleboot von Rumelihisari. *Tgl. 12–24 Uhr, Körfez Caddesi 57 (Anadolu Hisari), Tel. 216/413 37 53*

Liman Lokantası [117 D1]

〰️ Seit 1951 existiert das Restaurant direkt am İstanbuler Hafen. Frisch renoviert, bietet es neben herrlichem Bosporusblick gute türkisch-osmanische Küche: Kebaps, Lamm im Ofen, heiße Feigen mit Eis. *Tgl. außer Di 12–14.30 und 19.30–23 Uhr, Rıhtım Caddesi 52/3 (Karaköy), Tel. 292 39 93*

Pandeli [116 C3]

★ Das links über dem Eingang des Gewürzbasars platzierte Lokal wurde 1956 von dem berühmten griechischen Koch Pandeli gegründet, nachdem er seine erste und bekannteste Adresse im Fischmarkt von Beyoğlu aufgegeben hatte. Sein gegrillter Zander und das gefüllte Huhn wurden seither zur Legende. *Tgl. außer So 11–17 Uhr, Mısır Çarşışı (Eminönü), Tel. 527 39 09*

Pescatore [123 D2]

★ Etwas weiter oben am Bosporus gelegen. Hier gibt es nur frische Saisonfische und Schaltiere, die aus der Saros-Bucht hinter den Dardanellen gefangen werden. *Tgl. 12–24 Uhr, Kefeliköy Caddesi 29/1 (Kireçburnu/Sarıyer), Tel. 223 18 19*

Reşat Paşa Konağı [123 E6]

Die bildschöne Holzvilla auf der asiatischen Seite ließ der ehemalige osmanische Finanzminister Resat Paşa 1900 bauen. So lässt sich ein fürstliches Abendessen mit einer kleinen Zeitreise in die osmanische Lebenswelt verbinden. *Tgl. außer Mo 19–24 Uhr, Sinan Ercan Caddesi 34/1 (Erenköy), Tel. 216/361 34 11*

Rumeli Hisar İskele [123 D4]

★ 〰️ Am Fuß der zweiten Bosporusbrücke essen Sie hier vorzügliche Vorspeisen und Fischgerichte. Für einen Terrassenplatz am Meer vorher reservieren! *Tgl. 12.30–24 Uhr, Yahya Kemal Caddesi 1 (Rumelihisari), Tel. 263 29 97*

Sarnıç Lokantası [117 E4]

★ Candlelightdinner in einer vom Türkischen Touring- und Automobilclub zum Nobelrestaurant umgebauten Zisterne neben den sanierten alten Holzhäusern. Reservieren! *Tgl. 19–24 Uhr, Soğukçeşme Sokak, hinter der Hagia Sophia, Tel. 512 42 91*

Sunset Grill & Bar [123 D3–4]

〰️ İstanbul by night von seiner schönsten Seite. Eine Oase auf einem Hügel, Sie schauen hinab auf den Bosporus. Küche aus aller Welt: kalifornische Gerichte, Sushi, Osmanisches und viel Fisch. *Restaurant tgl. 12–15 und 19–1.30 Uhr, Bar 17.30–2 Uhr, Yol Sokak, Ulus Parkı, Tel. 287 03 57*

RESTAURANTS €€

Çiçek Pasajı [111 F4]

1876 als Einkaufspassage gebaut, beherbergt die »Blumenpassage« seit Ende der 50er-Jahre nur Kneipen und Gaststätten. In Tavernen wie *Kimene* wird vor allem am Wochenende zur Roma-Musik auf den Tischen getanzt. *Tgl. 9–24 Uhr, İstiklal Caddesi (Galatasaray)*

Despina [111 F1]
◁▷ Traditionsreiche Taverne im altgriechischen Tatavla-Viertel. *So bis Do 12–24, Fr und Sa bis 1 Uhr, Açıkyol Sokak 9 (Kurtuluş), Tel. 247 33 57*

Fischer [112 B4]
Klein, aber fein mit mittel- und osteuropäischer Küche: Wiener Schnitzel, Kartoffelsalat, Palatschinken. *Tgl. 12–15 und 18–22 Uhr, Gümüşsuyu, İnönü Caddesi 51 (Taksim), Tel. 245 25 97*

Hacı Baba Restoran [112 A4]
★ ◁▷ Sehr gute traditionelle Küche mit kundig zubereiteten Vorspeisen und einem himmlisch zarten *kebap*. Terrasse. Ohne Alkohol! *Tgl. 11–23 Uhr, İstiklal Caddesi 49 (Taksim), Tel. 244 18 86*

Kaburga Sofrası [115 F4]
Die beste südostanatolische Küche der Stadt mit traditionellen, zumeist scharf gewürzten Gerichten. *Insider Tipp* Die Spezialität sind gefüllte Lammrippchen. *Tgl. 12–23 Uhr, Guraba Hüseyinağa Mahallesi, Şekerci Sokak 8 (Aksaray), Tel. 532 73 73*

Koço [123 D5]
★ ◁▷ Außergewöhnlich gutes Fischrestaurant auf der asiatischen Seite an der Spitze der Modahalbinsel. Schöner Blick von der Terrasse auf den Yachthafen von Fenerbahçe. *Tgl. 12–24 Uhr, Moda Caddesi 265 (Kadıköy), Tel. 216/ 336 07 95*

Milto [0]
★ ◁▷ Nach einem Tag auf der größten Prinzeninsel der ideale Platz, um auf die letzte Fähre zum Hotel zu warten. *Tgl. 12–1 Uhr, Gülistan Caddesi 16 (Büyükada), Tel. 216/382 53 12*

Rejans [111 F4]
1931 von Exilrussen im Stil des Pariser Restaurants *Regence* gegründet. Rejans mit seiner Borschtschsuppe, dem Püree Piroschki und Kiewskihuhn zählte früher Atatürk und Hitlers Botschafter von Papen zu seinen Stammgästen. Heute ist das Lokal bevorzugter Treff der Künstler und Intelligenz der Stadt. *Tgl. außer So 12–15 und 19–24 Uhr, Emir Nevruz Sokak 17 (Galatasaray), Tel. 244 16 10*

Tike Levent [123 D4]
Das feinste Kebaplokal İstanbuls unweit von der Metro und dem Einkaufsparadies Akmerkez. Die Wirte kommen aus Adana. Unbedingt probieren: Das Dessert *cezerye* –

Die MARCO POLO Bitte

Marco Polo war der erste Weltreisende. Er reiste in friedlicher Absicht, verband Ost und West. Er wollte die Welt entdecken, fremde Kulturen kennen lernen, nicht zerstören. Könnte er heute für uns Reisende nicht Vorbild sein? Aufgeschlossen und friedlich sollte unsere Haltung auf Reisen sein. Dazu gehören auch Respekt vor Mensch und Tier und die Bewahrung der Umwelt.

WWF

Essen einmal etwas anders: schwimmendes Restaurant auf dem Bosporus

ein Konfekt aus Nüssen und Karotten. *Tgl. 12–24 Uhr, Haci Adil Caddesi 4, Aralik 1 (Levent), Tel. 281 88 71, www.tike.com.tr*

Yakup 2 [111 E5]

Insider Tipp

Es gibt keinen Schriftsteller oder Journalisten in İstanbul, der nicht einmal hier gezecht hat – Wirt Yakup Arslan schickt seine Kundschaft lange nach Mitternacht mit Glockengeläut nach Hause. Feine İstanbuler Vorspeisen, gutes Grillfleisch. *Tgl. außer So 10–1 Uhr, Asmalı Mescit Sokak 35 (Tünel), Tel. 249 29 25*

RESTAURANTS €

Efuli [112 A3]

Vom Frühstück bis zum Abendessen, neben Grillplatten auch Wiener Brathendl. Sauber, bescheiden, gut. *Tgl. 6.30–21.30 Uhr, Elmadağ, Cumhuriyet Caddesi 12 (Taksim), Tel. 225 69 54*

Kanaat Lokantansı [123 D5]

Nahe der Anlegestelle der Bosporus-Linienschiffe befindet sich das vielleicht älteste Lokal İstanbuls mit Hausmannskost. Im frommen Viertel Üsküdar wird kein Alkohol ausgeschenkt! *Tgl. 11–22 Uhr, Selmanipak Caddesi 25 (Üsküdar), Tel. 216/333 37 91*

Kapalıçarşı Havuzlu Lokanta [116 C4]

Ein Mittagessen in der »Gaststätte mit dem Becken« am Großen Basar. Traditionelle Küche, viele Auberginengerichte, ruhig. *Tgl. außer So 12–17 Uhr, Gami Çelebi Sokak 3, neben der Post (Kapalıçarşı), Tel. 527 33 46*

Pano [111 E3]

Insider Tipp

Das schönste Weinlokal İstanbuls. Ohne Reservierung haben Sie keine Chance. Keine Kreditkarten! *Tgl. 11–2 Uhr, Kalyoncu Kulluğu Caddesi 4 (Beyoğlu), Tel. 292 66 64*

İstanbuler Spezialitäten

Lassen Sie sich diese Köstlichkeiten gut schmecken!

Yemekler (Speisen)

arnavut ciğeri – gebratene zarte Lammleberstücke mit Zwiebeln

baklava – feines Dessert aus vielen Lagen Blätterteig, gefüllt mit Walnüssen oder Pistazien

cacık – Joghurt mit Knoblauch und Gurkenstückchen

çerkeztavuğu – eine Spezialität aus Hühnerbrust, Walnüssen, Milch und Mehl

çiroz salatası – Salat aus luftgetrockneten Sprotten oder sehr kleinen Makrelen

iç pilav – Reisgericht mit Rosinen, Nüssen und Leberstückchen

imambayıldı – »der Imam ist in Ohnmacht gefallen«: Vorspeise aus Auberginen, mit Knoblauch

kadınbudu köfte – die »Frauenschenkel« bestehen aus Hackfleisch, Reis und Eigelb und werden in der Pfanne gebraten

karides güveç – frische Shrimps mit Tomaten und Pilzen mit Käse überbacken

kaymaklı kadayif – raffinierter Nachtisch aus Teig mit Sahne

kefal pilakisi – Meeräsche, in eigenem Sud im Ofen zubereitet mit Beilagen – lauwarm serviert

külbastı – zarte Lammfiletscheiben, nur mit Thymian gewürzt und ohne Öl gegrillt

lakerda – eine echte İstanbuler Köstlichkeit: in Salz eingelegter Thunfisch, unbedingt probieren

midye dolması – mit Rosinenreis gefüllte Miesmuscheln

paçanga böreği – Blätterteigtaschen mit einer Füllung aus luftgetrocknetem Schinken

sigara böreği – länglich (in Zigarettenform) gerollter Blätterteig mit Schafskäse und Petersilie

topik – aus pürierten Kichererbsen zubereitete traditionelle armenische Vorspeise

zeytinyağlı dolmalar – gefüllte Paprika oder Weinblätter in Öl, kalt serviert als Vorspeise

Nçecekler (Getränke)

arjantin – Bier mit einem Schuss Wodka: eine billige, aber nicht ungefährliche Art, schnell betrunken zu werden!

rakı – den hochprozentigen klaren Schnaps mit Anis trinkt man mit Wasser milchig und dünn oder pur

sarı votka – Wodka mit Zitronen gewürzt und lange gelagert

Pizza Kupa [123 D3]

 Die Pizzeria mit dem besten Blick in İstanbul. Auch Spaghetti und Salate werden serviert. Direkt am Bosporus. *Tgl. 12–23 Uhr; Boyaci Caddesi 18 (Emirgan), Tel. 277 53 42*

Tarihi Sultanahmet Köftecisi [117 D5]

Menü und Qualität dieses *köfte lokantası* gegenüber der Blauen Moschee haben sich seit über 80 Jahren nicht mehr verändert. Hackfleischbällchen schmecken nirgends so gut wie hier. *Tgl. 11–23 Uhr; Divan Yolu Caddesi 12/A, Tel. 513 14 38*

Zencefil [111 F3]

Originelle Gerichte wie Gemüselasagne oder Kartoffeln mit Pilzen. Selbst gebackenes Brot, Hauswein oder kühle Limonade im Sommer. *Tgl. außer So 9.30–22.30 Uhr; Kurabiye Sokak 3 (Beyoğlu), Tel. 244 40 82*

Eine Zeremonie: Tee aufbrühen

TEEGÄRTEN

Bebek Kahve [123 D4]

 Der Teegarten wird vor allem von Studenten der nahen Bosporusuniversität besucht. Neben der Moschee, direkt am Hafen. *Tgl. 8–24 Uhr; Bebek Camii Yanı (Bebek)*

Çinili Köşk [117 E4]

Während des Besuchs des Topkapı- und des Archäologischen Museums können Sie in dem bezaubernden Garten zwischen jahrhundertealten Fundstücken eine Pause im Freien einlegen und sich entspannen. Eine kleine Oase der Ruhe. *Tgl. außer Mo 9–18 Uhr; beim Archäologischen Museum (Sultanahmet)*

Moda Çay Bahçesi [123 D5]

 Auf der asiatischen Seite mit Blick von den Prinzeninseln bis Topkapı. *Tgl. 9–24 Uhr; Devriye Sokak 7 (Moda)*

Ortaköy [123 D4]

Wie am Mittelmeer geht es zu am Fuß der Ersten Bosporusbrücke: Der Platz am Meer und die Gassen drum herum sind voller Cafés, Kneipen und Restaurants. Tee und Backgammon gehören unbedingt zu einem İstanbulbesuch. *Tgl. 9–24 Uhr (Ortaköy)*

Pierre Loti [122 C4]

 Einst Residenz des französischen Romanciers. Nach einem Spaziergang in Eyüp mit seiner Moschee und dem großen Friedhof erwarten Sie hier erholsame Stunden am Goldenen Horn. *Tgl. 8.30–24 Uhr; Pierre Loti (Eyüp)*

Basare und Boutiquen

İstanbul bietet neben Teppichen und Goldschmuck, Kalligrafien und Antiquitäten auch moderne Leder- und Bekleidungsstücke

In İstanbul kommen alle auf ihre Kosten, was das Einkaufen angeht: Neben jahrhundertealten Basaren gibt es moderne Einkaufsviertel mit einschlägigen Weltmarken und feine Shopping Malls, die Hunderte von Geschäften beherbergen. Die Wochenmärkte werden von Touristen selten aufgesucht, obwohl hier gute Textilien, vor allem Kinderkleidung, Unterwäsche und Strümpfe, zu Dumpingpreisen angeboten werden – Exportüberschüsse, die bis zu einem Zehntel ihres Preises in EU-Ländern kosten. Wer an Teppichen, Schmuck und altem Handwerk interessiert ist, wird auf der historischen Halbinsel nördlich des Sultanahmet fündig.

Der Große Basar *Kapalı Çarşı* gehört zu jedem Besichtigungsprogramm, auch wenn man nichts einkaufen möchte. Im Gewürzbasar *Mısır Çarşısı* in Eminönü gibt es Hunderte Gewürze und Heilkräuter. Weiter oberhalb, zwischen dem Großen Basar und der Süleymaniye-Moschee, werden schöne Stoffe, billige Textilien und Gebrauchsgegenstände aus Holz angeboten.

Am berühmtesten ist İstanbul wohl für seine Teppiche und Kelims

Jung und Alt ins Geschäft vertieft

Da Gold in der Türkei billiger ist als in EU-Staaten, gehört auch Schmuck zu beliebten Mitbringseln aus İstanbul. Gold wird in drei Sorten gehandelt: 22 Karat sind die Armreifen, die jedes Juwelierschaufenster schmücken. Die gängigsten Stücke haben 18 bis 16 Karat. Weißgold, *beyaz altın,* ist nicht allzu verbreitet. Schließlich gibt es ein großes Angebot an Edelsteinen, allen voran Diamanten, *elmas,* und Brillanten, *pırlanta,* die Türkinnen besonders lieben.

Alte Kalligrafien, Stiche und Fotografien finden Sie im Bücherbasar oder in den zahlreichen Antiquitätengeschäften in Beyoğlu. Beim Erwerb teurer Stücke können Sie ruhig handeln – vergleichen Sie die Preise, bevor Sie sich auf Ihr gutes Gefühl verlassen.

Einladende Buchhandlung

hereke aus purer Seide, während *Bergama, Konya, Uşak* und *Kayseri* zu den besten aus Baumwolle geknüpften und naturgefärbten Teppichen gehören. Bei Kelims mit diversen grafischen Mustern spielen die Größe und die Färbung eine Rolle: Mit Anilinfarben gefärbte Kelims dürfen nicht nass werden, da sonst die Farben verlaufen. Die meisten Händler schicken Ihren Teppich versandkostenfrei nach Hause. Wenn Sie ihn selbst mitnehmen wollen, müssen Sie am Zoll die Quittung vorlegen.

ANTIQUARIATE & MINIATUREN

Librairie de Péra   [111 E6]

★ Antiquariat mit attraktivem Angebot schräg gegenüber dem Mevlevihane von Galata. Organisiert Auktionen im Pera-Palas-Hotel. *Tgl. außer So 8–19 Uhr, Galipdede Caddesi 22 (Tünel), www.librairiede pera.com.tr*

Sahaflar Çarşısı   [116 B4]

Direkt neben dem Großen Basar sind seit über einem Jahrhundert Antiquariate beheimatet. Hier wurden früher nur alte Bücher, Manuskripte, Stiche und Miniaturen verkauft. Achtung: Die Miniaturen sind meistens neu und werden nur auf alte, vergilbte Buchseiten gemalt. Auch ausgefallene Utensilien wie Kalligrafiestifte aus Bambus oder Schattentheaterfiguren aus Kalbsleder. *Tgl. 9–20 Uhr (Beyazıt)*

Moderne Shoppingmeilen mit Cafés und kleinen Restaurants befinden sich auf der europäischen Seite in *Teşvikiye, Nişantaşı, Şişli* und *Etiler* und auf der asiatischen Seite in der *Bağdat Caddesi*. Achten Sie auf türkische Qualitätsmarken wie Mudo, Yargıcı oder Mavi Jeans, die sehr gute Textilien relativ preiswert anbieten. Wer alles beisammen haben möchte, verbringt einen Nachmittag in der modernen Shopping Mall *Akmerkez* in Etiler.

Schließlich die Teppiche und Kelims: Die ersteren sind geknüpft, die zweiten gewebt, beide haben ihren eigenen Charme. Die besten Teppiche sind die mit der höchsten Knotenzahl pro Quadratzentimeter – Ihr Händler wird Sie darüber informieren. Am teuersten sind die

ANTIQUITÄTEN

Abdullah   [116 C4]

Das Geschäft im Großen Basar gehört zu den ältesten Läden der

Stadt. Seit Generationen werden hier Schätze von alten İstanbuler Familien, Juwelen, kostbares Silber, Möbelstücke und andere Fundstücke aus der Geschichte der Stadt angeboten. *Tgl. außer So 8–19 Uhr, Sandal Bedesteni Sokak 6 (Kapalı Çarşı)*

Bit Pazarı (Flohmarkt)
Antike Türen, Spiegel, Brunnen, Kapitelle u. a. *Tgl. außer So 8 bis 19 Uhr, Çukurcuma Caddesi (Beyoğlu)* **[111 F5]** *und Büyük Hamam Sokak 30/32 (Üsküdar)* **[123 D5]**

Ottomania [111 E5]
Originale Karten des Osmanischen Reichs aus dem 18. und 19. Jh., wertvolle antiquarische Bücher, Stiche und Gravuren. *Tgl. außer So 8–19 Uhr, Sofyalı Sokak 30–32 (Tünel)*

Raffi Portakal [111 E5]
Alte Gemälde, Kalligrafie, osmanisches Tafelsilber und Gläser vom Tisch der Wesire: Das traditionsreiche Auktionshaus bietet alles. *Tgl. außer So 8–19 Uhr, Mim Kemal Öke Caddesi 12 und 19 (Nişantaşı), www.rportakal.com*

Sofa [116 C4]
Hier finden Sie Miniaturen, Kalligrafien, Silber, Stoffe, antike Teppiche. *Tgl. außer So 8–19 Uhr, Nuruosmaniye Caddesi 42 und 106/B (Nuruosmaniye), www.kashifsofa.com*

KUNSTGEWERBE

Arasta Çarşısı [117 D–E6]
In der Nähe der Blauen Moschee. In derselben Reihe wie das Byzantinische Mosaikmuseum stehen viele kleine Läden, die osmanisches Handwerk und Teppiche anbieten. *Tgl. 9–20 Uhr (Sultanahmet)*

Ebristan Ebru Evi [119 F3]
Das Geschäft ist spezialisiert auf die jahrhundertealte türkische Kunst des marmorierten Papiers: Ein Blatt wird in mehreren Arbeitsgängen in verschiedene Farbwasser eingetaucht, wobei feine, ausgefallene Muster entstehen. *Tgl. außer So 13 bis 17 Uhr, İhsaniye, Hafiz Mehmet Bey Sokak 8 (Üsküdar), www.ebristan.com*

İsmail Yiğit [122 C4]
Etwas versteckt im vierten Stock in einem Bürgerhaus in Nişantaşı ver-

MARCO POLO Highlights »Einkaufen«

★ **Akmerkez**
Preisgekröntes Einkaufszentrum für Mode (Seite 63)

★ **Şişko Osman**
Er kennt sich mit Teppichen aus wie kein anderer in İstanbul (Seite 65)

★ **Salı Pazarı**
Der größte Wochenmarkt auf der asiatischen Seite (Seite 65)

★ **Librairie de Péra**
Kleines, aber feines Antiquariat (Seite 60)

treibt der Keramikkünstler Repliken berühmter Fayencen aus İznik und Kütahya. Yiğit arbeitet auch auf Bestellung. *Tgl. außer So 10–19 Uhr, Valikonağı Caddesi Ekmek Fabrikası Sokak 2/16 (Nişantaşı)*

İznik Vakfı [123 D4]

Insider Tipp

Die Stiftung belebt seit einigen Jahren in ihren Werkstätten südlich von İstanbul, am Geburtsort des Handwerks, die fein bemalten Fayencen wieder, die z. B. die Blaue Moschee schmücken. Vom Tafelservice bis zu Aschenbechern reicht das Angebot. *Mo–Fr 8.30–18, Sa 10–17 Uhr, Öksüz Çocuk Sokak 14 (Kuruçeşme), www.iznik.com*

Paşabahçe [123 D3]

Die staatlichen Glasfabriken verkaufen feine Produkte zu erstaunlich guten Preisen. Neben modernem Design gibt es altosmanische Stücke wie das blau-weiße *çeşmi bülbül*. Verkaufsstellen sind über die ganze Stadt verteilt. *Outlet im Norden, tgl. 10–22 Uhr, Büyükdere Caddesi (Maslak), www.sisecam.com*

LEDER

Derimod

Die führende Marke in der türkischen Ledermode hat auch Schuhe und Handtaschen zu bieten. *Tgl. 10–20 Uhr, Bağdat Caddesi 303 (Kadiköy), Akmerkez, Nispetiye Caddesi (Etiler); Outlet Büyükdere Caddesi 59 (Maslak)*

Derishow

Hersteller von feinen Lederjacken. Das populäre Modehaus bietet auch Stoffkleidung von guter Qualität und originellem Design an. *Tgl. 9.30 bis 19.30 Uhr, Vali Konağı Caddesi 85 (Nişantaşı)* [122 C4]*, Akmerkez, Nispetiye Caddesi (Etiler)* [123 D3]*, Outlet »The End« (So geschl.), Akkavak Sokak 18/A (Nişantaşı)* [122 C4]

Seyman Dericilik [108 B5]

Eigene Herstellung von Damen- und Herrenjacken für den Export. *Tgl. 9–20 Uhr, Tatlıkuyu Hamamı Sokak 26 (Beyazıt)*

MODE

Beymen [123 D3–4]

Die türkische Nobelmarke sticht mit feinen Stoffen und klassischem Design ins Auge. Auch Unterwäsche, Seidentücher, Schuhe, Porzellan und Haustextilien. Im Outlet finden Sie auch internationale Marken. *Tgl. 10–22 Uhr, Akmerkez, Nispetiye Caddesi (Etiler) Casa Club (Wohnaccesoires), Teşvikiye Caddesi 117 (Teşvikiye), Outlet tgl. 10–19.30 Uhr, Adnan Kahveci Caddesi 116 Ferahevler (Tarabya)*

Gönül Paksoy [123 D4]

Die Haute-Couture-Designerin verarbeitet handgewebte Rohseide nach altosmanischem Design zu ganz besonderen Einzelkreationen. *Mo 13–19, Di–So 10–19 Uhr, Atiye Sokak 6/A (Teşvikiye)*

Silk & Cashmere [123 D4]

Elegante Mode aus erstklassiger Seide und purem Kaschmir für Damen und Herren. Dependance auch im Duty-Free-Bereich des Flughafens. *Tgl. 10–22 Uhr, Akmerkez, Nispetiye Caddesi (Etiler)*

Vakko

Traditionsreiches Haus, das 2003 eine Dependance am Jungfernstieg in

Hamburg eröffnete. Mit Café und Kunstgalerie. *Tgl. 9.30 bis 20 Uhr, İstiklal Caddesi 123–125 (Beyoğlu)* **[111 F4]**, *Bağdat Caddesi 422 (Kadiköy)* **[123 E6]**, *www.vakko. com.tr*

SCHMUCK

Antikart [120 A4]

In der Juwelierpassage befinden sich mehrere Schmuckläden. Hier werden vor allem schöne Repliken trojanischen und hethitischen Schmucks angeboten. *Mo–Sa 10 bis 21.30, So 12–21.30 Uhr, İstiklal Caddesi 207, Atlas Kuyumcular Çarşısı 32 (Beyoğlu)*

Efe Jewellery [117 D4]

Herausragender Schmuck aus Gold und Silber. Die Kollektionen heißen »Fibula« und »Lal«, anzuschauen auf der Website. *Tgl. 9–21 Uhr, Nuruosmaniye Caddesi 41 (Cağaloğlu), www.efegold.com*

Gilan [116 C4]

Nach alten anatolischen Mustern neu angefertigter Modeschmuck in Silber und Gold. *Tgl. 9–19 Uhr, Akmerkez 123, Nispetiye Caddesi (Etiler), Nuruosmaniye Caddesi 58 (Cağaloğlu)*

Urart [112 C1]

Die Avantgarde junger türkischer Designer bietet hier ihre Kunstwerke aus Silber, Gold und anderen Materialien feil. Repliken altanatolischen und trojanischen Schmucks. *Tgl. außer So 9–19 Uhr, Abdi İpekçi Caddesi 18 (Nişantaşı)*

SHOPPING MALLS

Akmerkez [123 D4]

★ Topmodernes Potpourri von 140 Designershops und Restaurants, das den »Best Shopping Center Europe Award« erhielt. *Tgl. 10–22 Uhr, Nispetiye Caddesi (Eti-*

Gleißendes Gold in den Schaufenstern blendet das Auge des Betrachters

Türkisch einkaufen

Eine Wohltat für die Sinne und das Portemonnaie

Istanbuls Märkte werden entweder nach dem Viertel benannt oder einfach nach dem Wochentag, an dem sie stattfinden. Auf kleineren Märkten gibt es vorwiegend Lebensmittel. Auf den Hauptmärkten jedoch werden von Bettzeug bis zu Kleidung und Schuhen gute Waren zu Spottpreisen angeboten. Baby- und Kinderkleidung, Unterwäsche und Socken kaufen Türken oft nur auf dem Markt. Die Händler bieten auch weltbekannte Marken mit kleinen Fehlern an. Märkte sind in dem jeweiligen Viertel nicht zu übersehen, nur auf dem Rückweg hat man sich meistens verlaufen – Türken sind beim Wegweisen sehr behilflich.

ler), mit der Metro von Taksim nach Levent und weiter mit dem Taxi

Capitol [123 D5]
Großes Einkaufszentrum auf der asiatischen Seite, unweit der Zufahrtsstraße zur Ersten Bosporusbrücke. Cafés und ein modernes Kino mit acht Sälen. *Tgl. 9–22 Uhr, Capitol Alışveriş Merkezi (Altunizade)*

Çarşı
Großes Angebot von Heimtextilien bis Kosmetik. Alle Qualitätsmarken der türkischen Bekleidungsindustrie. *Tgl. 9–20 Uhr, Carrefour Alışveriş Merkezi (Altunizade)* [123 D5], *Noramin İş Merkezi, Büyükdere Caddesi 55 (Maslak)* [123 D3], *Bağdat Caddesi 360 (Suadiye)* [123 E6]

SPEZIALITÄTEN

Insider Tipp
Bebek Badem Ezmesi [123 D4]
Für die exzellenten türkischen Delikatessen wie Marzipanrollen oder Mandelbonbons lohnt es sich, den Bosporus hinaufzufahren. *Tgl. 9.30 bis 20 Uhr, Cevdet Pasa Caddesi 238/1 (Bebek)*

Bünsa [111 E–F4]
Ein Naturkostladen wie aus dem Bilderbuch: neben Gewürzen und luftgetrockneten Früchten auch Honig aus dem Schwarzmeergebiet. *Tgl. 10–19 Uhr, Balik Pazari 26 (Galatasaray)*

STOFFE

Deli Kızın Yeri [123 D4]
Im Haus des verrückten Mädchens verkauft Linda Cadwell Stoffe mit eigenem Design: Traditionelle Muster werden mit strahlenden Farben in die Gegenwart übertragen. *Mit Voranmeldung (Tel. 287 12 94); Francalacı Sokak 2 (Arnavutköy); Großer Basar Mo–Sa 8.30–19 Uhr, Halıcılar Caddesi 42*

Sivasli Yazmacısı [116 C4]
Bunt gemusterte und bedruckte Baumwollstoffe aus Ostanatolien verkauft das traditionsreiche Geschäft im Großen Basar. Auch Handgewebtes, Besticktes und Gehäkeltes wie z. B. gehäkelte Kopftücher. *8.30–19 Uhr, Yağlikçilar Sokak 57 (Kapalı Çarşı)*

TEPPICHE

3-K RugStore
Wer sehr hohe Qualität und modernes Design sucht, ist hier richtig. Seit 1926 stellt die Firma auch auf Bestellung Teppiche aus reiner Schurwolle her. *Tgl. 9–20 Uhr; Yesilova Mevkii, E-5 Üstü (Florya)* **[0]***; Bağdat Caddesi 88/1 (Kadiköy)* **[123 D5]**

Hazal Kilim & Halı   [123 D4]
Abseits von touristischen Trampelpfaden weist das Geschäft ein reichhaltiges Angebot an Kelims und Teppichen auf. *Mo–Sa 9.30–19, So 10–19 Uhr; Mecidiyeköy Köprüsü Sokak 27–29 (Ortaköy)*

Şişko Osman   [116 C4]
★ »Osman der Dicke« ist eine der besten Adressen für wertvolle Teppiche im Großen Basar. Für jeden Geschmack etwas. *Tgl. außer So 8.30–19 Uhr; Halıcılar Caddesi 49; Zincirli Han 15 (Kapalı Çarşışı), www.siskoosman.com*

Van Halıcılık   [117 D–E6]
Große Kollektion von ostanatolischen Kelims und Teppichen aus der Region um den Van-See, manche kurdisch. Von Seide bis Wolle, nichts Antikes, gute Ware für vernünftige Preise. *Tgl. 9–20 Uhr; Arasta Çarsısı 149 (Sultanahmet)*

WOCHENMÄRKTE

Balat Pazarı   [109 E4]
Der Basar in den Straßen des ehemals jüdischen Viertels am Goldenen Horn ist ein Geheimtipp. Kombinieren Sie den Einkauf mit einem netten Spaziergang am Meer. *Di 8 bis 20 Uhr, um die Mahkeme Altı Caddesi (Balat)*

Çarşamba Pazarı   [115 E–F2]
Einer der buntesten Wochenmärkte İstanbuls wird neben der Fatih-Moschee aufgebaut. Von frischen Erzeugnissen und Saatgut bis hin zu Kleidung und Hausrat wird alles feilgeboten. *Jeden Mi außer an Feiertagen bis Sonnenuntergang, bei der Fatih Camii (Fatih)*

Galatasaray Balık Pazarı   [111 E–F4]
Einer der ältesten Fischmärkte der Stadt im Herzen der Péra, neben der Çiçek Pasajı. Auch ohne jede Kaufabsicht tut er den Sinnen gut. Das Angebot an getrocknetem und eingelegtem Fisch ist das größte von İstanbul. Doch der Balık Pazarı bietet mehr als frischen Fisch: Auch Käse-, eingelegte, süße und viele andere Spezialitäten erhalten Sie in der Halle. *Tgl. bis spät in die Nacht, Galatasaray (Beyoğlu)*

Ortaköy Bit Pazarı   [123 D4]
Am Wochenende werden auf diesem Flohmarkt vor allem Silberschmuck, Accessoires und Halbedelsteine verkauft. Unbedingt mit einem Besuch der vielen Teegärten am Ufer des Bosporus verbinden! *Jeden So bis spät in die Nacht, Ortaköy Meydanı (Ortaköy)*

Salı Pazarı   [123 D5]
★ Der größte Markt der Stadt ist auf der asiatischen Seite. Man findet alles, was das Herz begehrt. Da sogar aus umliegenden Städten Menschen hierher strömen, herrscht in den Hauptadern großes Gedränge. Freitags findet auf demselben Platz ein kleinerer Markt statt. *Jeden Di außer an Feiertagen bis Sonnenuntergang, entlang der Mahmut Baba Sokak (Kadıköy)*

Zimmer mit Aussicht

**Ob im Luxushotel am Bosporus
oder in der alten osmanischen Holzvilla –
Sie werden hier traumhaft schlafen**

In İstanbul finden Sie von luxuriös bis bescheiden alle Hotelkategorien. Auf Grund des großen Angebots ist es nicht schwierig, auch kurzfristig ein Zimmer zu bekommen. Bei Buchungen übers Internet kann es bis zu 40 Prozent Rabatt geben. Eine gute Adresse ist *www. istanbulhotels.com.*

In Sultanahmet, mitten im historischen Zentrum, findet man viele kleine, schön restaurierte Häuser, die sehr zu empfehlen sind. Diese Hotels werden mit einer besonderen Erlaubnis des Tourismusministeriums betrieben, die strengen Kriterien unterliegt. İstanbuler Hotels haben in der Regel alle Einrichtungen: vom warmen Wasser bis zu Satelliten- oder Kabelfernsehen, mit dem Sie auch deutsche Sender empfangen können. Ausländische Gäste werden oft vom Flughafen abgeholt – die Websites der Hotels geben ausführliche Informationen über die Konditionen. Sie können sich dort die Zimmer schon vor Buchung anschauen. Die Luxushotels machen Spezialangebote, bieten ermäßigte Wochenendtrips

In purem Luxus schwelgen: Das Çırağan Palace Kempinski lädt ein

und Stadttouren an. Ruhe und Erholung erwarten Sie in den Hotels der Prinzeninseln – allerdings um den Preis, dass die Fährfahrt in die Stadt Zeit kostet.

HOTELS €€€

Büyük Tarabya [123 D3]
Ein altes, großes und komfortables Haus in der Bucht von Tarabya am oberen Lauf des Bosporus. Für einen ruhigen Aufenthalt ideal. *286 Zi., Kefeliköy Caddesi 76 (Tarabya), Tel. 262 10 00, Fax 262 22 60, www.hoteltarabya.com*

The Marmara İstanbul [112 A3]
Wer mittendrin sein will, wohnt im Marmara. Ausgestattet mit großen Veranstaltungsräumen, gehört das Haus zu den Zentren des gesellschaftlichen Lebens. Die Roofbar bietet einen phantastischen Blick über die Stadt. *410 Zi., Taksim Meydanı (Taksim), Tel. 251 46 96, Fax 244 05 09, www.themarmara. com*

Merit Antique [116 A4]
★ Ein restaurierter Altbaukomplex in der Altstadt. Vom Swimmingpool bis hin zum Schönheitssalon ist je-

In der Ayasofya Pansiyonları wohnen Sie in restaurierten Holzhäusern

sars. Der Clou ist der Pool auf der Dachterrasse mit schönem Blick auf das historische Zentrum und das Marmarameer. *208 Zi., 8 Suiten, Tiyatro Caddesi 25 (Beyazıt), Tel. 516 69 80, Fax 516 69 99, www.thepresidenthotel.com.tr*

Richmond [111 E5]
Direkt an der Flaniermeile in Beyoğlu neben dem russischen Konsulat gelegen, ist das Richmond ein fester Bestandteil der besseren Gegend der alten, europäischen Péra. Moderner Komfort hinter einer Fassade des 19. Jhs. *101 Zi., 8 Suiten, İstiklal Caddesi 445 (Beyoğlu), Tel. 252 54 60, Fax 252 97 07, www.richmondhotels.com.tr*

Yeşil Ev [117 E5]
★ Im Herzen der historischen Stadt auf halber Höhe zwischen der Hagia Sophia und der Blauen Moschee gelegen. Prachtstück der restaurierten Gebäude des Türkischen Automobilclubs. *20 Zi., 1 Paschasuite, Kabasakal Caddesi 5 (Sultanahmet), Tel. 517 67 85, Fax 517 67 80, www.turing.org.tr*

HOTELS €€

Avicenna [117 E5]
⚡ Eine schicke, restaurierte Villa im Herzen der Altstadt. Terrasse mit Meeresblick. Komfortabel. *49 Zi., Mimar Mehmet Ağa Caddesi Amiral Tafdil Sokak 31/33 (Sultanahmet), Tel. 517 05 50, Fax 516 65 55, www.avicenna.com.tr*

Ayasofya Pansiyonları [117 E4]
★ In einer für den Autoverkehr gesperrten kleinen Straße hinter der Hagia Sophia sind mehrere alte Holzhäuser restauriert und in ein

der Komfort vorhanden. *267 Zi., 7 Suiten, Ordu Caddesi 226 (Laleli), Tel. 513 93 00, Fax 512 63 90, www.meritantiquehotel.com.tr*

The President [116 B5]
⚡ Best-Western-Komfort in unmittelbarer Nähe des Großen Ba-

Hotel verwandelt worden. *57 Zi., 5 Suiten, Soğukçeşme Sokak (Sultanahmet), Tel. 513 36 60, Fax 513 36 69, www.turing.org.tr*

Empress Zoe [117 E5]

insider Tipp

Ein wunderbar restauriertes Eckhaus im historischen Viertel mit einem schönen kleinen Innenhof. *19 Zi., Adliye Sokak 10 (Sultanahmet), Tel. 518 25 04, Fax 518 43 60, www.emzoe.com*

İbrahim Paşa [117 D5]

★ Ein etwas verspielt eingerichtetes, charmantes altes Haus im historischen Viertel, mit schönem Blick aufs Meer. *19 Zi., Terzihane Sokak 5 (Sultanahmet), Tel. 518 03 94, Fax 518 44 57, www.ibrahimpasha.com*

Kariye [109 D5]

Etwas abseits des Zentrums, mitten in einem Altstadtkomplex an der Chora-Kirche. Liebevoll restauriertes Holzhaus des Touring- und Automobilclubs. *24 Zi., 2 Suiten, Kariye Camii Sokak 18 (Edirnekapı),* Tel. 534 84 14, Fax 521 66 31, *www.kariyehotel.com*

Kybele [117 D4]

★ Ein Haus voller osmanischer Accessoires in Sichtweite der Hagia Sophia. *16 Zi., Yerebatan Caddesi 35 (Sultanahmet), Tel. 511 77 66, Fax 513 43 93, www.kybelehotel.com*

Merit Halki Palas [O]

★ ★ Das beste Hotel auf den Prinzeninseln ist eine restaurierte Holzvilla in ruhiger Lage mit schönem Blick aufs Meer. Moderner Komfort und traditionelle Einrichtung. *45 Zi., Refah Şehitleri Caddesi 88 (Heybeliada), Tel. 216/ 351 00 25, Fax 351 84 83, www.merithotels.com/halki*

Pera Palas [111 E5]

★ 1892 eigens für die Reisenden des Orient-Express gebaut. Eine Legende unter den İstanbuler Hotels: Tito, Mata Hari, King Edward VIII. und Agatha Christie zählten zu den Gästen. Nostalgie pur. *145 Zi., Meş-*

MARCO POLO **Highlights** »Übernachten«

★ **Ayasofya Pansiyonları**
Restaurierte Holzhäuser
an der Serailmauer
(Seite 68)

★ **Merit Antique**
Schön restauriert, zentral
und mit allem Komfort
(Seite 67)

★ **Pera Palas**
Wie in den besten Tagen
des Orient-Express (Seite 69)

★ **Merit Halkı Palas**
Idylle auf der Prinzeninsel
Heybeli (Seite 69)

★ **Kybele**
Kleines, gut geführtes Hotel
in Sultanahmet (Seite 69)

★ **Yeşil Ev**
Vornehm restaurierte Stadtvilla zwischen Hagia Sophia
und Blauer Moschee
(Seite 68)

İstanbuler Luxushotels

Insider Tipp

Bosphorus Palace [123 D4]

⚡ Die alte Residenz des Damat Melek Mehmet Pascha, des Großwesirs von Selim III. (1789–1807), brannte 1983 aus und wurde als Traumhotel wiederaufgebaut. Direkt am Bosporus bei der ersten Brücke. *Nur 14 Zi., ab 275 Euro, Yaliboyu Caddesi 64 (Beylerbeyi), Tel. 216/422 00 03, Fax 422 00 12, www.bosphoruspalace.com*

Ceylan Inter-Continental [112 A3]

Eines der älteren Luxushotels. Roofbar und ausgedehnte Terrassen bieten ein Rundumpanorama. Fitnesscenter. *390 Zi., 55 Suiten, ab 275 Euro, Asker Ocağı Caddesi 1 (Taksim), Tel. 231 21 21, Fax 231 21 80, www.istanbul.interconti.com/tr*

Çırağan Palace Kempinski [113 F2]

Ein alter Sultanspalast verbunden mit einem neuen Hotel in einer Anlage am Bosporus. Superluxus. Großer Gartenpool und Terrassenrestaurant. *316 Zi. und 16 Suiten, ab 300 Euro, Çırağan Caddesi 84 (Beşiktaş), Tel. 258 33 77, Fax 259 66 87, www.ciraganpalace.com*

Four Seasons [117 E5]

⚡ Das unterhalb der Hagia Sophia gelegene ehemalige Gefängnis ist stilvoll restauriert und wurde für allerhöchste Ansprüche eingerichtet. Der Innenhof ist eine Oase der Ruhe. *54 Zi., 11 Suiten, ab 320 Euro, Tevkifhane Sokak 1 (Sultanahmet), Tel. 638 82 00, Fax 638 82 10, www.fourseasons.com/istanbul*

Hilton [112 B2]

⚡ Das älteste Luxushotel İstanbuls verfügt über einen grandiosen Bosporusblick, einen großen Garten, Tennisplätze und Swimmingpool. *498 Zi., 15 Suiten, ab 165 Euro, Cumhuriyet Caddesi (Harbiye), Tel. 315 60 00, Fax 240 41 65, www.hilton.com/hotels/ISTHITW*

Swissôtel The Bosporus [112 C2]

Moderne Luxusanlage oberhalb des letzten Sultanspalastes mit allem erdenklichen Komfort. Zahlreiche Sportanlagen, großes Fitnesscenter. *600 Zi., ab 250 Euro, Bayıldım Caddesi 2 (Maçka), Tel. 326 11 00, Fax 326 11 22, www.swissotel.com*

rutiyet Caddesi 98–100 (Tepebaşı), Tel. 251 45 60, Fax 251 40 88–89, www.perapalas.com

Sokullu Paşa [117 D5–6]

In der Altstadt: Einst als Wohndomizil des Großwesirs Sokullu Pasa (1512–60) gebaut. Gartenrestaurant, türkisches Bad. *37 Zi., Küçük Ayasofya Mah. Şehit Mehmet Paşa*

Sokak 5–7 (Sultanahmet), Tel. 518 17 90, Fax 518 17 93, www.sokullupasahotel.com

Splendid Palace [0]

Insider Tipp

⚡ Holzvilla außerhalb des Trubels in schöner Lage auf der Prinzeninsel Büyükada. Das Hotel hat einen großen Garten und einen Swimmingpool im Freien. *70 Zi., Nizam*

Edles Design im Stil der guten alten Zeit: das Pera-Palas-Hotel

Caddesi 71 (Büyükada), Tel. 216/
382 69 50, Fax 382 67 75

Taxim Hill [112 A4]
Gutes, komfortables Cityhotel
im Herzen der Péra. Nach den Zim-
mern mit Bosporusblick fragen! *58
Zi., Sıraselviler Caddesi 9 (Taksim),
Tel. 334 85 00, Fax 334 85 98,
www.taximhill.com*

Vardar Palace [112 A4]
Hervorragend restauriertes Haus
mit gutem Service mitten im Ver-
gnügungsviertel. *40 Zi., Sıraselviler
Caddesi 54–56 (Taksim), Tel.
252 28 88, Fax 252 15 27, www.
vardahotel. com*

Yaşmak Sultan [117 D3–4]
Ein älteres Hotel, 1998 renoviert.
Sehr zentral, unterhalb der histori-
schen Halbinsel. Große Zimmer,
Internetcafé. *84 Zi., Ebusuud Cad-
desi 18–20 (Sirkeci), Tel. 528 13 43,
Fax 528 13 48, www.yasmak.com*

HOTELS €

And [117 D4]
In der Nähe der Yerebatan-Zis-
terne, in einem alten İstanbuler
Stadthaus. Vom Restaurant auf dem
Dach ein schöner Blick über das
Goldene Horn und den Bosporus.
*45 Zi., Yerebatan Caddesi Cami
Çıkmazı Sokak 36–40 (Sultan-
ahmet), Tel. 512 02 07, Fax
512 30 25, www.andhotel.com*

Antea [116 C5]
Hinter der Binbirdirek-Zisterne in
der Altstadt. Großer Basar und Hippodrom nur einen Steinwurf entfernt. Schaut auf einen netten Platz
mit Bäumen. *45 Zi., Piyerloti Caddesi 21 (Çemberlitaş), Tel. 638 11 21,
Fax 517 79 49, www.anteahotel.com*

Bale [111 E5]
Verkehrsgünstig gelegenes, etwas
lautes Haus. Modern eingerichtet,
einige Zimmer mit Blick aufs Gol-

*Eine gut besuchte Hotelbar
mit Logenblick auf den Bosporus*

dene Horn. *63 Zi., Refik Saydam
Caddesi 312, Tepebaşı (Beyoğlu),
Tel. 253 07 00, Fax 250 16 92*

Cordial House   **[116 C5]**
Zwischen Blauer Moschee und dem
Großen Basar gelegene, gute Herber-
ge. Von Doppelzimmer mit Bad bis
zu 8-Bett-Räumen. Preiswert! *25 Zi.,
Divanyolu Caddesi, Peykane Sokak
29 (Çemberlitaş), Tel. 518 05 76,
Fax 516 41 08, www.cordialhouse.
com, enquiries@cordialhouse.com*

Halı   **[117 D5]**
Modern und billig in der Altstadt. Dachterrasse mit Panorama-
blick: »Unsere Aussicht ist das ach-
te Weltwunder«! *80 Zi., Klodfarer
Caddesi 20 (Sultanahmet), Tel.
516 21 70, Fax 516 21 72, www.
halihotel.com*

İnter Hotel   **[116 B5]**
In unmittelbarer Nähe des Großen
Basars gelegenes einfaches, aber gut
geführtes Haus. *30 Zi., Midhatpaşa
Caddesi, Büyük Haydar Efendi
Sokak 29 (Beyazıt), Tel. 518 35 35,
Fax 518 35 38, www.hotelinter
istanbul.com*

**Naz Wooden
House Inn**   **[117 D–E6]**
Kleines, zentrales Hotel in renovier-
tem Altbau, das sich an die historischen Stadtmauern lehnt. *7 Zi., Akbıyık Değirmeni Sokak 7 (Sultanahmet),
Tel. 516 71 30, Fax 638 39 22,
www.nazwoodenhouseinn.com*

Pamphylia   **[117 D4]**
Komfortables Hotel in einem alten
Eckhaus. Geräumige, bequeme
Zimmer, moderne Bäder. *30 Zi.,
Yerebatan Caddesi 47 (Sultanah-
met), Tel. 512 01 33, Fax 513 01 33,
www.hotelpamphylia.com*

Plaza   **[112 A–B4]**
Einfaches Hotel in einer ruhigen
Seitenstraße in der Nähe des
Taksim-Platzes. Einige Zimmer mit
Bosporusblick. *23 Zi., Arslan Yatağı
Sokak 19–21 (Cihangir), Tel.
245 32 73, Fax 293 70 40*

Santa Sophia   **[116 C5]**
Zentral gelegenes, einfaches Hotel.
Alle Zimmer mit Bad, Klimaanlage
und Satelliten-TV. *40 Zi., Taşdirek
Çeşme Sokak 20 (Çemberlitaş), Tel.
517 41 76, Fax 638 65 23, www.
santasophia.com*

Sed   **[112 B4]**
Außen etwas zu grell angestri-
chen, innen einfach und komfortabel. Terrasse mit Blick auf die Bosporusbrücke. Liegt hinter dem

Inside Tipp

deutschen Konsulat bei Taksim. *50 Zi., Ömer Avni Mah., Besaret Sokak 14 (Ayaspaşa), Tel. 252 27 10, Fax 252 42 74, www.sedhotel.com*

Villa Rifat Pansion [0]

Insider Tipp

Hübsche Pension mit Garten auf der größten Prinzeninsel. Einfach und familienfreundlich eingerichtet. *6 Zi., Yılmaz Türk Caddesi 80 (Büyükada), Tel. 216/351 60 68*

Villa Zürich [112 A5]

Nur fünf Minuten vom Taksim-Platz entfernt, trotzdem ruhig gelegen. Cafés, Kneipen und Antiquitätengeschäfte in der Nähe. *45 Zi., 2 Suiten, Akarsu Yokuşu Caddesi 44–46 (Cihangir), Tel. 293 06 04, Fax 249 02 32, www.hotelvillazurich.com*

FÜR JUNGE LEUTE

(8–20 Euro, Studenten- oder Jugendherbergsausweis ratsam)

Amphora Hostel [117 D5]

⚐ Ein 80 Jahre altes, schönes Stadthaus in ein Hostel umgewandelt. Terrasse mit Meeresblick. *25 Zi., 67 Betten, Dreierzimmer mit Balkon, Binbirdirek Mah. Su Terazisi Sokak 8 (Sultanahmet), Tel. 638 15 54, Fax 518 18 37, www.amphorahostel.com*

Orient Hostel [117 E4]

Insider Tipp

Sauber, zentral, komfortabel. Auch »De-Luxe«-Zimmer mit Bad. Dachterrasse. *40 Zi., 130 Betten, Yeni Akbıyık Caddesi 13 (Sultanahmet), Tel. 518 07 89, Fax 518 38 94, www.orienthostel.com*

Sinbad Hostel [117 D–E6]

⚐ An der Küçük-Ayasofya-Kirche gelegen. Schöne Dachterrasse, ruhig. Internet und Satelliten-TV. *22 Zi., 70 Betten, Küçük Ayasofya Demirci Reşit Sokak 3/5 (Sultanahmet), Tel./Fax 638 27 21, 518 23 05, www.sinbadhostel.com*

Der Restaurateur

Vom Automenschen zum Verfechter urbaner Kultur

Wer sich die Fotos der Häuser hinter der Hagia Sophia anschaut, bevor Çelik Gülersoy sie kaufte und restaurieren ließ, kann nicht glauben, dass daraus die Ayasofya-Pensionen entstehen konnten. Mehr als Ruinen waren von den alten Holzhäusern nicht übrig geblieben. Anfang der 60er-Jahre erkannte der Chef des Automobilclubs Touring als einer der Ersten, dass es höchste Zeit war, die historische Bausubstanz zu retten. So kaufte er mit Mitteln des Clubs alte osmanische Holzhäuser und baute sie zu Hotels um, ließ die Pavillons im Yıldız-Park, auf dem Çamlıca-Hügel und in Emirgan restaurieren und machte den İstanbulern so bewusst, welcher Schatz vor ihren Augen verloren gegangen wäre. Gülersoy starb 2003 und stürzte İstanbul in große Trauer.

Tanz unter den Sternen

Es muss nicht immer Bauchtanz sein: İstanbul lädt auch in Open-Air-Diskotheken und verrauchte Jazzkeller ein

İstanbul schläft nicht – vom ausgedehnten Essen in einem der guten Restaurants am Bosporus bis zur obligatorischen Morgensuppe in einem der vierundzwanzig Stunden am Tag geöffneten Lokale gibt es tausendundeine Möglichkeit, einen unvergesslichen Abend zu verbringen. Die İstiklal Caddesi mit ihren Seitenstraßen spricht eher junges Publikum an. Wer's feiner mag, geht Richtung Levent oder runter zum Bosporus. Ortaköy und die Kadife Sokak in Kadıköy sind für jeden Geschmack gut und nicht allzu teuer. In den meisten Kneipen (hier heißen sie durchweg Bars) geht es laut zu, und es gibt oft Livemusik. Oft haben auch Cafés eine nette Bartheke, an der es alle möglichen Drinks gibt. In İstanbul gibt es aber auch sehr schöne, ruhige Bars am Bosporus. Die Roofbars der großen Hotels wie Conrad International, Ceylan Inter-Continental oder Etap Marmara sind nicht zu unterschätzen: Hier gibt es den schönsten Blick über das nächtliche İstanbul.

Die Bauchtanzshows der *gazinos* in der İstiklal Caddesi sind von

Gedanken an Tausendundeine Nacht: Bauchtanzaufführung

mäßigem Niveau und völlig überteuert. Recht ansprechend, allerdings auch teuer, ist die »Türkische Nacht« im Galata-Turm. Die schönste Kulisse für eine lange Nacht bieten die Kneipen und Diskotheken in Kuruçeşme an der Ersten Bosporusbrücke. Sie sind allerdings nur im Sommer von Ende Juni bis Ende September geöffnet. Dann bieten sich auch verschiedene Boote und Yachten für eine Bosporustour mit Essen und Musik an.

Obwohl die meisten Lokale Kreditkarten akzeptieren: Nehmen Sie für alle Fälle genügend Bargeld mit! In den Musikkneipen und Diskotheken zahlt man entweder Eintritt

Nächtlicher Trubel auf der Sıra Selviler Caddesi

Stimmungsvolles Ambiente: Blick ins Kulturzentrum Bilsak Beşinci Kat

(ab 5 Euro mit einem Gratisdrink) oder einen festen Preis für das erste Getränk, egal ob Sie Whisky oder Mineralwasser bestellen. Vor allen Diskotheken und auch mancher guten Kneipe stehen Bodyguards, die eine Gesichtskontrolle vornehmen. In der Regel wird Damenbegleitung verlangt. Für den Weg nach Hause lassen Sie sich lieber vom Portier ein Taxi rufen, anstatt in ein vorbeifahrendes einzusteigen – das ist in jeder Hinsicht sicherer.

BARS & KNEIPEN

Abdulcabbar [111 F4]
🏃 Eine der älteren Kneipen in Beyoğlu mit ausschließlichem Türkpop. *Tgl. 11–2 Uhr, Mis Sokak 11/A (Beyoğlu)*

Andon [112 A4]
Das alte Stadthaus mit seinen fünf Etagen bietet alles: Unten ist eine Diskothek, oben eine gute Weinbar und ein türkisches Restaurant mit Livemusik. 🔻 Ganz oben Terrasse mit Meeresblick. *Mo–Sa 17–4 Uhr, Sıraselviler Caddesi 89 (Beyoğlu)* **Insider Tipp**

Anjelique.Buz [123 D4]
🏃 Absolute Inkneipe am Bosporus. Liebhaber von Cocktails, schönen Menschen und gängigen Hits sind hier richtig. *Tgl. 18–4 Uhr, Muallim Naci Caddesi, Salhane Sokak 10/2 (Ortaköy)*

Bebek Bar [0]
⭐ 🔻 Die gut besuchte Bar des Traditionshotels Bebek am Bosporus ist für einen Drink vor oder nach dem Abendessen ideal. Schöne Terrasse über dem Meer. Teuer! *Tgl. 17–1 Uhr, Cevdet Paşa Caddesi 113–115 (Bebek)*

Bilsak Beşinci Kat [112 A4]
🔻 🏃 Name und Sitz zugleich: Der »Fünfte Stock« eines alternativen Kulturzentrums bietet einen

tollen Blick über den Bosporus. Rock, Jazz, Oldies. *Tgl. 10–2 Uhr, Sıraselviler Caddesi Soğancı Sokak 7 (Cihangir)*

Coco Gramofon [119 E5]

Direkt am Tünel-Platz gelegen, eignet sich das Lokal sehr gut als Treffpunkt weit ab vom Gewühl der stets belebten İstikal Caddesi. Auch gut für Brunches und abendliche Snacks zu gutem Wein. *Mo–Sa 9 bis 2, So bis 20 Uhr, Tünel Meydanı 3 (Tünel)*

Dulcinea [112 A4]

Insider Tipp

Richtig coole Kneipe mit überwiegend jungem Stammpublikum. Im Keller gibt es häufig Liveperformances und sehenswertes Off-Theater. *Tgl. 12.30–1 Uhr, Meselik Sokak 20 (Beyoğlu)*

Ece Bar [123 D4]

Der Name der Inhaberin Ece heißt übersetzt »Königin«, und sie ist's wirklich, was Kneipenführung angeht. Seit 1984 im Geschäft, ist sie erste Adresse für die Intellektuellen und Journalisten İstanbuls. *Tgl. 18–2 Uhr, Tramvay Caddesi 104 (Kuruçeşme)*

Line [112 A4]

Mit ihrer minimalistischen Einrichtung hebt sich die Kneipe von den verrauchten Bars in Beyoğlu ab. Am Wochenende Liveauftritte von Rockbands. *Tgl. 12–2 Uhr, Büyükparmakkapı Sokak 14 A/B (Beyoğlu)*

Masal Evi [123 D5]

Insider Tipp

Das »Märchenhaus« ist nur eine der vielen urgemütlichen, im Winter mit offenem Kamin beheizten Lokale auf der asiatischen Seite. Sie reihen sich in der Kneipenmeile *Kadife Sokak* auf: *Karga* (Nr. 16), *Lal* (Nr. 19), *Isis* (Nr. 26) und *Karin Pub* (Nr. 35) sind empfehlenswert. *Tgl. 11–2 Uhr, Kadife Sokak 33 (Kadiköy)*

The North Shield Pub [113 D2]

Der feine Engländer İstanbuls hat gleich zwei Adressen. Kühles Bier gibt's zum Fußballspiel auf der Großbildleinwand, einen Aperitif am Pool unter der Sonne oder einen Cognac am Kamin. Was will man mehr … *Tgl. 16–1 Uhr, Çetin Berkmen Sosyal Tesisleri, Darüşşafaka Caddesi (Maslak) oder in Akaretler Sıraevleri, Seba Caddesi 1–3 (Beşiktaş)*

MARCO POLO Highlights »Am Abend«

★ **Bebek Bar**
Klassische und ruhige Bar am Meer (Seite 76)

★ **Hayal Kahvesi**
Livemusik und Tanz unter den Sternen (Seite 80)

★ **Nardis**
Der Jazzclub mit der besten Musik in İstanbul (Seite 81)

★ **Q Jazz Bar**
Heiße Nächte im Osmanenpalast (Seite 81)

BOSPORUS-YACHTEN

BOSPORUS-YACHTEN

Nu Péra [111 E3]
Clubhaus in der 200 Jahre alten
französischen Petit-Champs-Passa-
ge in der alten Péra. Restaurant
(Keyfhan), Kneipe, Club und Café
(Refika) unter einem Dach. Sehr
schöne Terrasse. *Tgl. 13–2, Club
nur 2–4 Uhr, Meşrutiyet Caddesi
145/147 Tepebaşı (Beyoğlu)*

Sardunya [112 B5]
🔅 Am Bosporus im alten Hafen
von Karaköy. Eine runde Bartheke
im Freien lädt zu Drinks und
Plausch ein. Ruhig, gemütlich. Am
Wochenende kostet der erste Drink
ca. 5 Euro! *Nur im Sommer, tgl.
19–1 Uhr, Meclis-i Mebusan Caddesi 22 Salıpazarı (Karaköy)*

Touchdown [122 C4]
Insider Tipp
Die angesagte Bar ist stets gut be-
sucht. Eignet sich gut für einen
Drink nach dem Shopping. Keine
Kreditkarten! *Tgl. 10–0.30 Uhr, Ab-
di Ipekçi Caddesi 61/11 Reasürans
Çarşısı (Teşvikiye)*

Zarifi Kav [112 A4]
Die Weinbar ist im Wohnhaus der
griechischen Bankerfamilie Zarifi
aus der Wende zum 20. Jh. untergebracht. Wer nicht in benachbar-
ten vorzüglichen Restaurant speisen will, sitzt stilvoll bei Wein an
der Theke. *Tgl. 12–2 Uhr, Çukurlu-
çeşme Sokak 13 (Beyoğlu)*

BOSPORUS-YACHTEN

Lüfer Touren [123 D–4]
Die größte Firma am Bosporus mit
15 Booten bietet von geschlossenen
Gruppenfahrten bis hin zur Einzel-
beteiligung verschiedene Touren
an. Eine Abendtour beginnt um
19.30 in Bebek und endet um 24

Uhr. Auch in Beylerbeyi auf der asiatischen Seite kann zugestiegen
werden. *Ab ca. 15 Euro, Körfez
Caddesi 6 (Anadolu Hisari), Tel.
216/308 67 70, Fax 332 03 04,
Handy 0542/731 52 26, www.
lufertekne.com*

Plan Tours Portaş Turizm [0]
Das Boot beginnt seine Tour in Arnavutköy am Bosporus. Mit Essen
und Getränken 45 Euro, ohne Ver-
pflegung 20 Euro pro Person. *Tel.
230 15 07*

Semiramis [123 D4]
Eines der größten Boote. Mit Essen
und Getränken 20 Euro, mit nur einem Drink 17 Euro. Der Veranstal-
ter bietet auch halb- und ganztägige
Bosporustouren an. *Ab Kuruçeşme,
Tel. 248 51 27*

DISKOTHEKEN

147 [123 D4]
🏃 Die feine Mischung aus Restaurant und Club. New Yorker Atmo-
sphäre, Londoner Underground-
klänge – sehr mondän. Junges Publikum. *Tgl. 19–4 Uhr, Büyükdere
Caddesi Fargo İş Merkezi 147 (Zin-
cirlikuyu)*

Club 29 [123 E3]
🔅 Die Schönen und die Reichen,
die Prominenten und die Stars tref-
fen sich hier im entsprechenden
Rahmen: in einer Art hadrianischer
Villa mit Restaurant, Diskothek und
Poolbar direkt am Bosporus. *Juni
bis Sept., tgl. 10–18 und 21–4 Uhr,
Pasabahçe Yolu 24 (Çubuklu)*

Crystal [123 D4]
🏃 Eine Disko mit House- und
Technomusik, sehr trendy. Mit

78

In vielen Kneipen und Clubs gibt es türkische Popmusik live

İstanbuls bekanntesten DJs. *Mi–Sa 24–5.30 Uhr, Muallim Naci Caddesi 65 (Ortaköy)*

Hammam [117 F2]
Direkt am Meer liegt das osmanische Schlösschen, in dem drei Restaurants, zwei Kneipen und eine Gaybar untergebracht sind. Im Sommer sehr in! *Tgl. 19–2 Uhr, Gaybar ab Mitternacht, Sepetçiler Kasrı, Kennedy Caddesi 3 (Eminönü)*

Mojo [111 F4]
Rock, Jazz und Blues. Aus dem schier unerschöpflichen Archiv werden Konzerte auf eine Leinwand projiziert. Am Wochenende kommen nach Mitternacht oft Musiker nach Beendigung ihres auswärtigen Programms hierher und jammen. Keine Kreditkarten! *Tgl. 19–4 Uhr, Büyükparmakkapı Sokak 25 (Beyoğlu)*

Reina [123 D4]
Das Zentrum des İstanbuler Nachtlebens. Direkt am Bosporus gelegen, beherbergt der Riesenclub zehn verschiedene Bars, Cafés und Restaurants unter seinem Dach. Die Musik beginnt zwar schon um 19 Uhr, wird aber ab Mitternacht erst richtig laut. Unbedingt reservieren *(Tel. 259 59 19)! Nur im Sommer, tgl. 17–3 Uhr, Muallim Naci Caddesi 120 (Kuruçeşme)*

Switch [111 E5]
Das Lokal liegt in Beyoğlu gegenüber dem Geschäftshaus Odakule. Von jungen Leuten bevorzugt, Avantgardemusik. *Fr und Sa 23–4 Uhr, İstiklal Caddesi Muammer Karaca Çıkmazı 3 (Beyoğlu)*

KINOS

Filme werden im Original mit Untertiteln gezeigt. Neben modernen Multiplexkinos gibt es noch alte Filmtheater, die ihren Charme bewahrt haben. Entlang der İstiklal Caddesi finden Sie ein Kino neben dem anderen. Anfangszeiten und Programm entnehmen Sie Programmheften oder großen, leicht verständlichen Anzeigen in den Tageszeitungen.

Movieplex [123 D4]
Als Ableger der internationalen Kette ist das Kino groß, modern und bringt stets aktuelle Filme. *Nispetiye Caddesi Melodi Pasajı 14 (Etiler), Tel. 284 30 01*

Süreyya [123 D5]
Das Kino auf der asiatischen Seite stammt aus den 50er-Jahren. Nach Renovierung modernste Technik, alter Charme: üppige Deckenbemalung, verzierte Geländer, rundum von Logen umgeben. *Bahariye Caddesi 29 (Kadıköy), Tel. 216/ 336 06 82*

MUSIKCLUBS

Insider Tipp
Babylon [111 E5]
Kneipe und Kulturzentrum zugleich: Konzerte und Off-Theater von hohem Niveau. Während des İstanbuler Jazzfestivals feste Bühne für Veranstaltungen. *Di–Sa 21.30–4 Uhr, Asmalimescıt, Şehbender Sokak 3 (Tünel)*

Eylül [123 D4]
Wer türkische Liedermacher kennen lernen will, ist hier richtig. Sonst Jazz und Blues. Im Erdgeschoss ein Café mit Meeresblick, oben Kneipe. *Café tgl. 12–4, Programm 23.30–2.30 Uhr, 1 Caddesi 23 (Arnavutköy)*

Feriye Lokantasi & Beck's Bar [123 D4]
Sehr ruhige Kneipe am Ciragan-Palast mit Begleitmusik zum Bier. *Tgl. 12–24 Uhr, Ciragan Caddesi 124 (Beşiktaş)*

Galata Kulesi Nightclub [111 E6]
◀▶ Bauchtanz, Volkstänze und Sänger im Genueserturm. Dazu der schöne Blick auf die Altstadt. Touristisch und teuer. *Tgl. 20–2 Uhr, Hendek Caddesi (Beyoğlu)*

George [122 C4]
Eine sehr urbane Musikkneipe mit wechselnden Bands und Liedermachern. Montags finden oft Percussionabende statt, an denen auch das Publikum teilhaben kann. *Tgl. 19–2 Uhr, Milli Reasürans Çarşisi Alt Kat (Tesvikiye)*

Hayal Kahvesi [112 A4]
★ Traditionelle Rock- und Blueskneipe in Beyoğlu mit wechselnden türkischen Gruppen. Gutes Bier, laute Musik. Im Sommer öffnet die Dependance *Çubuklu* auf der asiatischen Seite – Tanz im Freien am Bosporus. Von İstinye gibt es Shuttleboote dorthin. *Beyoğlu: tgl. 18–3 Uhr, Büyükparmakkapı Sokak 19; Çubuklu: tgl. 12–2 Uhr, tagsüber Café, Küche 19–24 Uhr geöffnet, Fr und Sa Livemusik 23–4 Uhr, Burunbahçe Mevkii (Çubuklu)*

Insider Tipp

Kemancı Rock Bar [112 A4]
🏃 Jeden Abend Liverock und Pop im »Geiger«. Auch Off-Theater und Performances werden geboten. Die alternative Kneipe İstanbuls auf zwei Etagen mit Disko. *Kneipe tgl. 13–4, Disko tgl. 19.30–4 Uhr, Sıraselviler Caddesi 69/1 (Taksim)*

Keser Müzikhol [123 D4]
Wer einmal wie die Einheimischen feiern will, sollte dieses Lokal ausprobieren. Der populäre Sänger Mustafa Keser tritt hier selbst auf. Es gibt feste Menüs und mittwochs von 13.30 bis 17.30 Uhr eine

»Frauenmatinee«. *Tgl. 20.30–1.30 Uhr, Beylerbeyi İskelesi, Arabacılar Sokak 5 (Beylerbeyi)*

Mimi Taverna [123 D4]

Eine Institution in İstanbul, die nicht nur unter den verbliebenen Griechen beliebt ist: Hier wird getanzt und gezecht, was das Zeug hält. Griechische Musik, oft live durch İstanbuler Griechen vorgetragen, und üppige Vorspeisenplatten begleiten das Vergnügen. *Tgl. außer Mo, 19 bis 3 Uhr, 1. Cadde 68, Arnavutköy*

Nardis [111 E6]

★ In dem 2003 am Galata-Turm eröffneten Club treten die türkischen Jazzgrößen sowie ausländische Künstler auf. Sehr empfehlenswert! *Livemusik So–Do 21.30–0.30 Uhr, Fr–Sa 23.30–1.30 Uhr, Kuledibi Sokak 14 (Galata)*

Q Jazz Bar [113 F2]

★ Das traditionsreiche Jazzlokal im historischen Keller des Çırağan-Palastes mit Weinbar, Supperclub und Jazzclub wurde bereits von Robert de Niro, Valentino und John F. Kennedy jr. besucht. Im Sommer zieht die Bar auf die Palastterrassen – schöner kann die Kulisse für die Liveperformance der Musiker aus den USA wirklich nicht sein: »cheek-to-cheek« unter dem Sternenhimmel am Bosporus. Entsprechend teuer ist das Erlebnis. Ab 1 Uhr morgens gibt es Barbecue. *Weinbar tgl. 19–4 Uhr, Supperclub 21–4 Uhr, Jazzclub 22.30–4 Uhr, Eintritt ca. 20 Euro, Çırağan Caddesi Çırağan Sarayı A Blok*

Insider Tipp

Roxy/Roxanne [112 A4]

🏃 Am Wochenende werden Partys gefeiert, sonst gibt es Latin, Blues und Jazz. Zu Festivalzeiten Bühne für hervorragende Musiker aus dem In- und Ausland. *Di–Sa 20.30–4 Uhr, Sıraselviler Caddesi Aslan Yatağı Sokak 13 (Taksim)*

Shaft Blues & Jazz Club [111 E5]

🏃 Gut besuchter Musikclub mit wechselndem Programm. Sehr gute türkische Bands. *Tgl. 17–4 Uhr, Eintritt ca. 3 Euro (inkl. eines Drinks), Meşrutiyet Caddesi 81 (Taksim)*

Insider Tipp

OPER & SHOWTHEATER

Devlet Operası [112 A3]

Die Staatsoper mit ihrer bekannten Balletttruppe und das Staatliche Sinfonieorchester *(İstanbul Devlet Senfoni Orkestrası)* spielen im Haus am Taksim-Platz. Dort gibt es auch Spielpläne, Programme und Karten. *Atatürk Kültür Merkezi (Atatürk-Kulturzentrum), Taksim Meydanı, Tel. 251 56 00*

Efendy [123 D3]

2001 eröffnet, bietet Efendy im Stil des »Wintergarten« in Berlin Shows von Weltniveau – Akrobatik, Revue, Musicals und Magie, 470 Plätze. Sie sitzen am Tisch mit festem Menü. *Nurol Plaza, Büyükdere Caddesi 71/25 (Maslak), Tel. 286 82 86, www.efendy.com.tr*

Mydonose Showland [122 A5]

Das größte Showcenter İstanbuls bietet auf 16 000 m² offenem und 8000 m² geschlossenem Areal Musicals, Artistik, Konzerte und Partys, Geschäfte, Cafés und Kneipen. Veranstaltungsort des Grand Prix d'Eurovision de la Chanson 2004! *Dünya Ticaret Merkezi Yanı (Yeşilköy), Tel. 345 05 80, www.mydonose.com.tr*

Heimat vieler Kulturen

Die Spaziergänge sind in der Karte auf dem hinteren Umschlag und im Cityatlas ab Seite 108 grün markiert

1 EINBLICKE IN DAS CHRISTLICH-JÜDISCHE İSTANBUL

İstanbuls alte Stadtteile Fener und Balat am Goldenen Horn waren in osmanischer Zeit christliche und jüdische Viertel. Auch wenn heute die meisten Bewohner landflüchtige Bauern und Kurden aus dem Südosten des Landes sind, gibt es noch etliche Zeugnisse, die an Griechen, Armenier und Juden erinnern. Der fünf- bis sechsstündige Spaziergang endet im christlichen Konstantinopel, im letzten Palast der kaiserlichen Familie.

Der Rundgang beginnt am Ufer des Goldenen Horns am *Fener Vapur İskelesi,* dem Fähranleger in Fener, wohin von Eminönü stündlich Fähren verkehren. Die Geschichte des ursprünglich griechischen Viertels des alten İstanbul ist bis heute lebendig, wie Sie nach wenigen Metern feststellen werden. Gehen Sie vom Anleger aus – dort ist auch eine auffällige Polizeistation – ins

Im 14. Jh. als Chora-Kirche errichtet, ist sie heute ein Museum: die Kariye Camii

Viertel hinein und wenden sich linker Hand zur *Sadrazam Ali Paşa Caddesi.* Hier liegt rechts hinter hohen Mauern das *Griechisch-Orthodoxe Patriarchat,* wo seit 1601 das Oberhaupt der gesamten orthodoxen Kirche lebt. Zwar genießt der orthodoxe »Papst« innerhalb der griechischen, bulgarischen, serbischen und russischen orthodoxen Kirchen nicht dieselbe Autorität wie der römische bei den Katholiken, doch erkennen alle den Patriarchen von Konstantinopel als spirituelles Oberhaupt an. Seit 1602 residiert das Patriarchat hier. Eine umfassende Restauration im 18. Jh. hat dem Gebäude das heutige Antlitz verliehen. Eine breite Treppe führt zu dem großen, dreiflügeligen Tor, das geschlossen ist – seit genau 1821, als der damalige Patriarch Grigorios V. den Aufstand der Griechen in Hellas unterstützte und deshalb hier erhängt wurde.

Da der Komplex öffentlich nicht zugänglich ist, wenden Sie sich ein paar Schritte zurück in die *Yıldırım Caddesi* und von dort nach links in die *Vodina Caddesi,* die Hauptstraße von Fener. Die Griechen des Viertels gehörten zu den reichen Familien der Stadt, die den Balkanhandel kontrollierten und als Übersetzer und Diplomaten tätig waren. Biegen Sie von der *Vodina* links in die *Fener Kireçhanesi Sokak* ein, die nach oben zum *Galatasaray Jungengymnasium* führt. Das riesige Backsteingebäude thront wie eine Festung über Fener und war früher die Hauptbildungsstätte der İstanbuler Griechen. Immer noch in Betrieb, hat es nur noch wenige Schüler.

Wenden Sie sich hinter dem Gymnasium nach rechts und umrunden den gesamten Komplex vorbei an der *Mesnevihane-Stiftung* im Hof einer kleinen Moschee. Auf der anderen Seite des Gymnasiums, dort, wo es bereits wieder nach unten geht, passiert man zuerst das unscheinbare *Griechische Mädchengymnasium* und kommt dann linker Hand an der uralten byzantinischen Kirche der *Heiligen Maria von den Mongolen* vorbei, die seit den Zeiten Konstantinopels als Kirche überdauert hat.

Insider Tipp

Ein paar Schritte weiter trifft man auf die *Çimen Sokak,* die wieder bergab auf die *Vodina* führt. Wenden Sie sich nach rechts: Auf der linken Seite sehen Sie die leider sehr heruntergekommenen, ehemals prächtigen griechischen Bürgerhäuser. Sobald sich nach links eine Gasse zum Ufer hinunter öffnet, gehen Sie zur Uferstraße und treffen hier auf ein restauriertes byzantinisches Gebäude, das ehemals zur Stadtmauer gehörte und in dem heute auf Initiative einer feministischen Gruppe eine in der Türkei einmalige *Frauenbibliothek* untergebracht ist. Nur 200 m weiter die Uferstraße entlang steht die eiserne *Sankt-Stephans-Kirche (S. 32),* deren Einzelteile 1871 in Wien gegossen und über die Donau und das

Insider Tipp

Schwarze Meer nach İstanbul verschifft wurden. Der Legende nach soll der Sultan den Bau der Kirche unter der Bedingung erlaubt haben, dass er nur einen Monat dauert. In Wahrheit befürchtete er ein Aufkeimen des Nationalismus unter den Bulgaren.

Wenden Sie sich nach der Kirche wieder nach links und kommen nun langsam nach Balat ins frühere jüdische Viertel. Die zweite Parallele zur Uferstraße ist wieder die *Vodina Caddesi.* Folgen Sie ihr bis zur *Ayan Sokak,* wo Sie rechts abbiegen. In dieser Straße treffen Sie nacheinander auf einen uralten *hamam,* der auf Mehmet den Eroberer zurückgehen soll, eine schöne Moschee Sinans, die *Feruh Kethüda Camii,* und direkt daneben eine der ältesten armenischen Kirchen der Stadt, die *Surp-Hiresdagabad-Kirche,* ursprünglich auch ein byzantinischer Bau.

In Balat hatten sich Ende des 15. Jhs. die aus Spanien vertriebenen Juden niedergelassen – an manchen Häusern ist über dem Erker noch der Davidstern zu erkennen. Viele von ihnen sind in den 50er-Jahren nach Israel ausgewandert, andere leben in der Stadt verstreut. In Balat selbst gibt es kaum noch jüdische Familien.

Linker Hand kommen Sie über die *Dürriye Sokak* zur *Gevgili Sokak,* wo die älteste Synagoge İstanbuls steht *(Ahrida, S. 33).* Dann geht es zurück auf die *Kürkçü Çeşme Sokak,* die Einkaufsstraße des Viertels, die den Hügel hinaufführt. Auf halber Höhe geht es rechts in die *Pastırmacı Sokak,* die als Treppe steil nach oben führt und auf der *Paşa Hamamı Sokak* endet. Rechts erblicken Sie auf freiem Feld die

Der Galata-Turm der Genuesen überragt das historische Zentrum

⬆ *Molla Askı Camii* mit Blick auf das Goldene Horn und die umliegenden Viertel. Gehen Sie etwa 1 km nach links, bis rechts die *Kariye Türbe Camii Sokak* abbiegt. Diese Gasse führt mit einem Schwenk weiter nach links direkt zur *Chora-Kirche (S. 33),* wo die schönsten byzantinischen Mosaiken İstanbuls zu besichtigen sind.

Von der Chora-Kirche geht es die *Kariye Caddesi* hinauf zur 1600 Jahre alten Stadtmauer. Hier ist der höchste Punkt des Spaziergangs erreicht. Wenige Hundert Meter weiter rechts entlang der Mauer erhebt sich als Teil der Befestigungsanlage der *Tekfur Sarayı,* die am besten erhaltenen Teile des früheren byzantinischen Kaiserpalastes. Unter den Osmanen diente die Anlage zuerst als Stallung für Elefanten und Giraffen, später als heimliches Freudenhaus, und zuletzt ließen die Sultane hier eine Neuauflage der berühmten İznik-Kacheln brennen.

2 AM PULS DER STADT

In Beyoğlu, entlang der İstiklal Caddesi, schlägt der Puls des heutigen İstanbul. Einst von den Genuesen gegründet und zu Beginn des 20. Jhs. noch das europäische Viertel, trifft sich heute hier die Jugend der Stadt. Der drei- bis vierstündige Spaziergang beginnt am Galata-Turm.

Der 1348 erbaute Turm *(S. 20)* verfügt im obersten Stockwerk über einen umlaufenden Freigang, von dem aus man einen wunderbaren ⬆ Blick über das Goldene Horn und den größten Teil der alten Stadt hat. Folgen Sie vom Turm aus der *Galip Dede Caddesi* den Hügel hinauf. Ungefähr auf halber Strecke bis zur *İstiklal Caddesi (S. 37)* liegt rechts die *Teutonia,* ein grauer Backsteinbau, der früher die Anlaufstelle der deutschen Gemeinde

Die Tünel-Passage in Beyoğlu lädt mit einem netten Café zum Verweilen ein

in İstanbul war und heute noch die Unterrichtsräume des Goethe-Instituts beherbergt. Ein Stück weiter die Gasse hinauf, kurz vor dem *Tünel-Platz,* liegt das Antiquariat *Librairie de Péra (S. 60),* in dem sich mit etwas Glück immer noch seltene alte Bücher finden lassen. Direkt gegenüber ist der unauffällige Eingang zum *Mevlevihane,* dem Derwischkloster von Galata. Das Kloster ist heute ein Museum, das als besondere Attraktion an jedem vierten Sonntag im Monat eine Vorführung tanzender Derwische veranstaltet, bei denen fast immer großer Andrang herrscht.

Wenden Sie sich nach rechts, dann erreichen Sie nach wenigen Schritten den *Tünel,* den oberen Ausgang der Untergrundbahn, die unten in Karaköy beginnt. Die 1875 erbaute Metro ist eine der ältesten, aber auch kürzesten der Welt. Vor dem Eingang endet die Straßenbahnlinie *Tünel–Taksim,* die

im Look des 19. Jhs. als Touristenattraktion durch die *İstiklal* bimmelt. Genau gegenüber dem Eingang zur Untergrundbahn öffnet sich eine Passage, in der sich eines der schönsten Beyoğlu-Cafés, das *K & V,* befindet. Vom Cafétisch aus schauen Sie in die Schaufenster des *Artrium,* einer Galerie, die auch schöne Antiquitäten führt. Durch die Passage geht es geradeaus weiter bis zur *Asmalı Mescit Sokak.* Auf einer wenige hundert Meter kurzen Strecke finden Sie zwei weitere gut sortierte Antiquariate, *Eren Bücher* und *Ottomania (S. 61),* aber auch etliche ausgefallene Cafés und kleine Galerien. Etwas weiter linker Hand liegt in der *Şehbender Sokak* das *Babylon (S. 80),* eine der besten Adressen für Pop-, Rock-, Jazz- und andere Konzerte, aber auch für Off-Theater und sonstige Szeneevents. Kurz nach der Şehbender Sokak passieren Sie die legendäre Künstler- und Intellektuellenkneipe *Refik* und gehen dann wieder auf der *Asmalı Mescit* nach links den Hügel hinab. Wenden Sie sich am Ende der Gasse nach rechts, so stehen Sie vor dem einstmals berühmtesten Hotel des Viertels, dem *Pera Palas* (S. 69). Das Haus hat zwar schon glanzvollere Zeiten und berühmtere Gäste gesehen, aber ist nach wie vor einen Besuch wert.

Vom *Pera Palas* geht es auf der *Meşrutiyet Caddesi* weiter rechts an einem großen Platz entlang, am italienischen Kulturzentrum vorbei bis *Odakule*, einem Bürohochhaus, wo man durch eine Fußgängerpassage zur *İstiklal Caddesi*, der Hauptschlagader Beyoğlus gelangt, eines der geschäftigsten Zentren der Stadt überhaupt. Wer sich in İstanbul verabredet, trifft sich in einer der Kneipen oder Cafés in den Seitenstraßen der *İstiklal*, wer ins Kino will, schaut zuerst nach den Filmen entlang der *İstiklal*, und auch Diskos und Musik gibt es vor allem hier. Der Abschnitt vor Odakule gehört noch zu den ruhigeren der Straße. Gehen Sie nach links, so sehen Sie nach ein paar Schritten auf der rechten Seite etwas nach hinten versetzt die größte katholische Kirche İstanbuls, die *St. Antonius von Padua.*

Etwas weiter öffnet sich die Straße zu einem kleinen Platz vor einem riesigen schmiedeeisernen Tor. Dahinter verbirgt sich das *Galatasaray Lisesi*, das traditionsreiche französisch-türkische Elitegymnasium. Vor dessen Tor versammelten sich in den 90er-Jahren jeden Samstag die Mütter von Verschwundenen – zumeist Opfer des Kurdenkriegs – zu stummem Protest. Gegenüber dem großen Tor befindet sich der Eingang zur *Çiçek Pasajı*. Diese schöne Jugendstilpassage ist gedrängt voll mit Restaurants, in denen es jeden Abend hoch her geht. Folgt man der Passage, betritt man am anderen Ende den *Balık Pazarı*, den schönsten Fisch-, Gemüse- und Obstmarkt der Stadt. Der Markt ist eine Augenweide und lohnt einen Bummel auch dann, wenn man gar nichts kaufen will. Bereits ganz am Anfang des Marktes verbirgt sich auf der rechten Seite, hinter einer großen Eisentür ohne jede Beschriftung (notfalls in einem Laden nachfragen), *Üç Horan,* eine der schönsten armenischen Kirchen İstanbuls. Einige Schritte weiter zweigt ebenfalls nach rechts eine kleine Gasse mit einfachen, aber guten Fischrestaurants ab. Diese Kneipengasse namens Nevizade Sokak ist der beste Platz in Beyoğlu, wenn man für relativ wenig Geld gute *meze,* also die typischen İstanbuler Vorspeisen, und einen akzeptablen Fisch unter freiem Himmel essen möchte.

Am Ende der Kneipengasse geht es nach rechts wieder zurück zur *İstiklal Caddesi.* Wenden Sie sich dann nach links, und Sie sind mitten im Getümmel von Einkauf und Vergnügen. Von hier bis zum *Taksim-Platz* reiht sich Kino an Kneipe, unterbrochen von schicken Boutiquen und alten Einkaufspassagen wie der *Atlas-Passage,* wo es sich lohnt, einmal einen Blick hineinzuwerfen. Kurz vor dem Taksim-Platz sehen Sie links das Gebäude des französischen Konsulats; rechts weist ein Schild mit der Aufschrift *Hacı Baba* den Weg zu einem lohnenden Mittagessen ohne Alkohol, wo auf der Terrasse dieses guten türkischen Lokals der Spaziergang zu Ende geht.

Insider Tipp

Flucht aus der Mega-Metropole

Auf der Fähre durch den Bosporus, in der Kutsche auf den Prinzeninseln oder in der Moschee in Bursa – hier können Sie dem Trubel entfliehen

BOĞAZIÇI/BOSPORUS

[113, 118–119] Egal wie wenig Zeit Sie für ihren İstanbul-Besuch mitgebracht haben, eine kurzweilige ★ Bootsfahrt über den Bosporus sollten Sie sich auf keinen Fall entgehen lassen. Der fünfstündige Ausflug beginnt in Eminönü und führt Sie fast bis ans Schwarze Meer nach Anadolu Kavağı und wieder zurück. Die Anlegestelle der staatlichen Fährlinie ist die erste von der Galata-Brücke aus und heißt Boğaz Hattı. Abfahrtszeiten Dez.–März tgl. 10.30, April–Mai und Okt.–Nov. tgl. 10.30 und 13.30, Juni–Sept. 10.35, 11.35 und 13.35 Uhr

Zunächst geht es nach *Beşiktaş*, vorbei am Leanderturm *(S. 20)* und dem letzten Sultanspalast *Dolmabahçe (S. 27)*. Kurz hinter Beşiktaş kreuzt die Fähre dann aber schon die riesige, 70 m hohe Bosporusbrücke und verlässt damit den innerstädtischen Bereich. Genießen Sie bei einer Tasse Tee die Faszination des Bosporus, einer Meerenge, die schon der weit gereiste Alexander von Humboldt zurecht zu den schönsten Flecken der Erde zählte. Während der Fahrt kreuzen Sie ständig zwischen Europa und Asien, weil die Fähre an den schönsten Anlegestellen auf beiden Seiten Station macht. Direkt entlang des Ufers können Sie nun die prächtigen Paläste und Villen bestaunen, die Sultane, Großwesire und andere hohe Würdenträger der Osmanen hier bauen ließen. Diese so genannten *yalı* – die klassischen sind aus Holz und in einem erdigen, dunklen Rot gestrichen – sind auch heute noch die begehrtesten Wohndomizile İstanbuls. Doch wer hier nicht geerbt hat, muss schon Ölscheich oder hoher Würdenträger sein, um sich ein Haus direkt am Bosporus leisten zu können. Viele haben einen eigenen Steg und sind stilvoll restauriert.

Auf der europäischen Seite passiert die Fähre zunächst *Arnavutköy (S. 39)*, ein Viertel, das seinen Charakter als »Kiez« bewahrt hat. Hier sind bis heute noch viele ansehnliche Holzhäuser mit Erkern erhalten. Dann legen Sie auf der asiatischen Seite in *Kanlıca* an, einem

Insider Tipp

Stetes Kommen und Gehen am Eminönü-Platz vor der Yeni-Valide-Moschee

Bis hierher kann man fahren: Anadolu Kavağı

hübschen Bosporusdorf, das für seinen gezuckerten Sahnejoghurt berühmt ist. Hier, kurz vor der zweiten Hängebrücke, ist die Meerenge am schmalsten und die Strömung besonders tückisch. Man sieht am asiatischen Ufer, dass mancher Ozeanriese, der nicht mehr rechtzeitig die Kurve geschafft hat, dort entlanggeschrammt ist.

Der Schiffsverkehr hat auf dem Bosporus seit dem Zerfall der Sowjetunion 1991 und der Integration der Nachfolgestaaten in die Weltwirtschaft dramatisch zugenommen. Er wurde zur meistbefahrenen Meerenge der Welt. Im Normalfall sorgt die starke Strömung, die an der Oberfläche vom Schwarzen Meer Richtung Ägäis, am Boden der bis zu 120 m tiefen Wasserstraße genau umgekehrt fließt, dafür, dass das Wasser relativ sauber bleibt. Noch immer ist der Bosporus ein Schlaraffenland für Fische, wo zu der entsprechenden Jahres-

zeit ganze Ströme vom Schwarzen Meer Richtung Marmarameer ziehen und die Netze der Fischer füllen. İstanbul ist für Fischgourmets ideal.

Nach der zweiten Brücke wird der Bosporus kilometerbreit und vor allem auf der asiatischen Seite, die weniger zugebaut ist als ihr europäisches Gegenüber, wunderbar grün. Jetzt kann man das Schwarze Meer bereits erahnen – aber zunächst kommt noch ein Stopp in Sarıyer, das zwar zu İstanbul gehört, aber vom Charakter her eine eigene kleine Stadt ist. Hier liegen der größte Teil der İstanbuler Fischereiflotte und der schönste Fischmarkt am Bosporus. Ab jetzt beginnt endgültig die Fahrt ins Grüne, und nach einem weiteren kurzen Stopp in Europa kommt die Endhaltestelle *Anadolu Kavağı* am Fuße einer großen Burg, von der aus die Osmanen die Einfahrt in den Bosporus kontrollierten. Noch heute sind beide Bosporusseiten di-

Insider Tipp

Insider Tipp

rekt an der Einfahrt zum Schwarzen Meer militärisches Sperrgebiet.

Sie können die Pause nutzen, um zur Burg hinaufzusteigen und von dort den Blick auf das Meer und gleichzeitig auf den Bosporus zu genießen. Vielleicht verbringen Sie die Zeit jedoch lieber in einem dieser wunderbaren Fischrestaurants. Nach der Pause geht es denselben Weg zurück, wodurch Sie die Gelegenheit bekommen, alles, was Sie auf dem Hinweg verpasst haben, doch noch bestaunen zu können.

BURSA

[0] **Auf der Südseite des Marmarameeres am Fuße des Uludağ-Gebirges liegt Bursa, die alte Hauptstadt der Osmanen. Schon zu römischen Zeiten war sie für ihre Thermalbäder berühmt. Hier stehen die ältesten Moscheen der osmanischen Dynastie neben den größten Automobilwerken der modernen Türkei. Eine der Attraktionen von Bursa ist eine große Seilbahn, die direkt aus der Stadt auf den 2543 m hohen Berg Uludağ führt. Im Winter liegt hier eines der beliebtesten Skigebiete der Türkei, und im Sommer ist der Uludağ für Spaziergänge bis hin zu Bergtouren gut geeignet. Die dreistündige Fahrt mit dem Fernbus von İstanbul nach Bursa beginnt direkt im Busbahnhof Harem auf der asiatischen Seite. Sie können aber auch erst mit der Fähre von Kabataş nach Yalova übersetzen und dort einen Bus nehmen.**

Das heutige Bursa ist eine der reichsten türkischen Städte und ein gelungener Mix aus jahrhundertealten Kulturdenkmälern und moderner Industrieansiedlung. Für Besucher, die von İstanbul aus einen Ausflug nach Bursa machen, geht es vor allem um vier Ziele: die *Yeşil Camii* (Grüne Moschee) und das *Grab Mehmets II.,* den *Alten Markt* im historischen Zentrum mit seiner sehenswerten »Seidenstraße« und schließlich die *Thermalbäder.* Bursa verfügt über moderne Hotels mit allen Fitnesseinrichtungen und Heilquellen im privaten Badezimmer.

Insider Tipp

Die alten osmanischen Moscheen in Bursa sind bescheidener als die späteren Prachtbauten in İstanbul, aber sie bestechen durch ihre schlichte Eleganz. Sie weisen noch viele seldschukische Elemente auf, so z. B. überdachte Höfe und eine Vielzahl von kleinen Kuppeln statt einer einzigen großen im Zentrum des Komplexes. *Yeşil Külliye,* der Baukomplex mit der Grünen Moschee und dem Mausoleum von Sultan Mehmet II. verdankt seinen Namen der grünen Wandverkleidung aus achteckigen Kacheln. Noch deutlicher als bei der Grünen Moschee sind die Vielzahl kleiner Kuppeln an der *Ulu Camii,* der »Großen Moschee«, aus dem Jahr 1396 direkt im Zentrum neben dem Markt zu bewundern.

Von der Großen Moschee aus können Sie direkt in den überdachten Basar laufen, in dem Textilien und die bekannten Schattentheaterfiguren *(karagöz)* angeboten werden. Das attraktivste Gebäude im Marktviertel ist der *Koza Han,* bis heute das Zentrum des Seidenhandels. Über zwei arkadengestützten Etagen liegt hier Laden neben Laden. Im Juni und Juli werden auch immer noch Seidenkokons gehandelt. Die Seidenraupenzucht führ-

Insider Tipp

ten die Byzantiner im 6. Jh. in Bursa und Umgebung ein.

Die Thermalbäder Bursas *(kaplıca)* liegen im Vorort *Çekirge.* Das berühmteste Bad, im 14. Jh. auf den Überresten einer byzantinischen Anlage erbaut, ist das *Alte Thermalbad*. Man betritt es durch das Hotel *Kervansaray Termal*. Das 45 Grad Celsius warme Wasser soll gegen Rheuma und Hautleiden helfen. Bereits Kaiserin Theodora, Gemahlin Justinians, kurte hier im 6. Jh. regelmäßig *(Eski Kaplıca, Çekirge Meydanı, Kervansaray, tgl. 7 bis 22 Uhr)*. Andere Thermalbäder sind das *Neue Bad* aus dem 16. Jh., in dem es außer den obligaten Männer- und Frauenabteilungen auch eine Abteilung für Paare gibt: *Yeni Kaplıca, Mudanya Yolu 6, tgl. 7–22 Uhr, und das Bad im Kurhotel Çelik Palas Oteli, Çekirge Caddesi 79.*

ADALAR (PRINZENINSELN)

[0] Die ⭐ Prinzeninseln, im Türkischen schlicht Adalar (Inseln) genannt, sind der klassische Fluchtpunkt für stadtmüde İstanbuler und Touristen, die sich vom Lärm der Millionenstadt erholen wollen. In einer guten Stunde ist man auf einer der neun Inseln, von denen nur fünf bewohnt sind: Büyükada, Heybeliada, Kınalıada, Burgazada und Sedef Adası. Abfertigungshalle für Adalar am Ende der Fähranlegestellen in Eminönü, im Sommer Fähren alle 1,5 Stunden, im Winter im Zweistundentakt; schnelle Katamaranboote ab Kabataş im Sommer halbstündlich, im Winter nur morgens und abends; Fähren von Bostancı zu den Inseln.

Sie sind wahrlich eine Welt für sich. Geprägt durch die wunderbaren Holzvillen und ihre Pferdekutschen, scheint hier die Zeit stillzustehen und das 19. Jh. immer noch anzudauern. Die Inseln sind für privaten Autoverkehr gesperrt und schon allein deshalb eine Oase der Ruhe gegenüber dem Verkehrschaos in der Stadt. Eine Kutschfahrt entlang der Uferstraße auf Büyükada ist ein ganz besonderes Vergnügen. Eine Ausnahme sind die Wochenenden während der Sommerferien. An diesen Tagen erleben die Inseln regelmäßig einen Ansturm von Tagesbesuchern, der einer Invasion gleicht. Doch unter der Woche bleibt es auch im Hochsommer beschaulich. Die Sommerbewohner verteilen sich in ihren Häusern, und lediglich die vielen Cafés und Restaurants am Ufer sind voller als im Frühling oder Herbst.

Traditionell sind die Prinzeninseln das Sommerdomizil der griechischen, jüdischen und armenischen Oberschicht gewesen. Während der osmanische Adel am Bosporus baute, zogen sich die reichen Händler und Bankiers aus den ethnischen Minderheiten auf die Inseln zurück. Griechisch-orthodoxe Klöster, armenische und italienische Kirchen und jüdische Synagogen, die alle noch in Betrieb sind, zeugen davon, dass die Nachfahren dieser Familien im Sommer immer gerne auf die Inseln kommen – teilweise aus Athen und Saloniki, aber auch aus Tel Aviv oder New York. Im Winter reduziert sich die Einwohnerzahl dagegen auf eine kleine Gemeinde, die durchgängig hier lebt – vor allem auf Büyükada und Heybeliada. Die drei kleineren Inseln Burgazada, Sedef Adası und

Kınalıada sind im Winter sogar fast menschenleer.

Wenn man mit der Fähre von Eminönü kommt, ist Kınalıada der erste Stopp. Diese kleinste der vier Inseln hat aber den größten Strand und gleicht deshalb einer ausgedehnten Badeanstalt. Der nächste Halt, Burgaz, gilt als besonders exklusiv, bietet aber außer einem schönen kleinen Hafen und der Bucht von *Kalpazankaya* für Kurzbesucher nicht viel. Erst in Heybeli, der dritten Anlaufstelle der Fähre, beginnt das richtige Inselleben. Dort steht die sehenswerte *Theologische Hochschule* der griechisch-orthodoxen Kirche. Die Insel verfügt über viele schöne Badeplätze, einen herrlichen Wanderweg und ist das ganze Jahr über bewohnt. Das gilt jedoch erst recht für Büyükada, die größte Insel, die das Zentrum des Inselreiches bildet. Hier sitzt die Verwaltung, aber hier sind auch die meisten Läden und Dienstleistungsgewerbe, die die Bewohner und Besucher der Prinzeninseln mit allem versorgen, was eine anspruchsvolle Familie in den Sommermonaten braucht. Büyükada ist – schon durch ihre Größe – die abwechslungsreichste Insel, die für Wanderer, Sportler, aber auch für Gourmets, die in einem ausgezeichneten Fischrestaurant tafeln wollen, das meiste zu bieten hat.

»Prinzeninseln« werden die Eilande genannt, weil sie bereits zu byzantinischen Zeiten als stadtnaher Verbannungsort für Prinzen genutzt wurden, die von der Nachfolge auf Kaiserthron oder Sultansdiwan ausgeschlossen werden sollten. Der letzte berühmte Exilant war der russische Revolutionär Leo Trotzki, der die ersten sechs Jahre nach seiner Verbannung aus der Sowjetunion durch Stalin auf Büyükada verbrachte.

Schiffsanlegestelle in Büyükada, dem Zentrum des Inselreichs Adalar

Angesagt!

**Events, Meetings und Aktionen,
die Sie kennen und nicht verpassen sollten!**

Pera's Warm vom Barkeeper

Die İstanbuler lieben ihre Barkeeper und heißen Cocktails – zum Beispiel die Cocktails, die Cihan Dincer von *Zarifi* zubereitet: »Pera´s Warm« besteht aus 6 cl J & B Whisky, 4 cl Apfelsaft, 4 cl Sprudel und 2 cl Pflanzenaroma. Übrigens heißen die Kneipen in İstanbul nicht zufällig »Bar«. Hier pflegt die gehobene Kundschaft

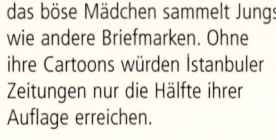

die angelsächsische Tradition des Barkeepers, der jedem Gast bis zur bitteren Neige zuhört, egal, welche Sorgen ihn plagen, und ihn dann anschließend sogar selbst nach Hause fährt, wenn mal kein Taxi zur Hand ist.

Cartoons

Der »Press Bey« des Zeichners Latif Demirci und das »Böse Mädchen« von Ramize sind die virtuellen Helden einer alles in Frage stellenden neuen Generation. Herr Press ist ein eitler Kolumnist, der das gemeine Volk nur vom Hörensagen kennt. Und das böse Mädchen sammelt Jungs wie andere Briefmarken. Ohne ihre Cartoons würden İstanbuler Zeitungen nur die Hälfte ihrer Auflage erreichen.

Tanzkurse

Bauchtanzkurse sind nur etwas für die Berlinerin oder New Yorkerin? Nein: Auch junge Türkinnen besuchen neuerdings teure Tanzkurse, z. B. im Marmara Hotel *Gym*. Auch Samba, Rumba, Tango sind in İstanbul Renner.

Ufos und Aliens

Seitdem in İstanbul jährlich der Internationale Ufo-Kongress stattfindet und es ein privates Ufo-Museum gibt, strahlen die Sterne über dem Bosporus irgendwie anders. Wer´s sich leisten kann, kauft sich ein Teleskop und richtet es, am besten beim Stromausfall, gen Himmel, um dem Geheimnis des Urknalls auf die Schliche zu kommen. Es gibt sogar erste Kinder, die Vega heißen.

Wein ist in, Rakı out

Man hält es nicht für möglich, aber die jungen Türken kehren der »Löwenmilch« den Rücken. Seit die Gourmets das Volk darüber aufgeklärt haben, dass hochprozentiger Rakı das Aroma von Fisch killt, ist Weißwein angesagt.

Von Anreise bis Zoll

Hier finden Sie kurz gefasst die wichtigsten Adressen und Informationen für Ihre Istanbulreise

ANREISE

Linienmaschinen und auch fast alle Chartermaschinen landen in İstanbul auf dem Atatürk Hava Limanı in Yeşilköy. Billiganbieter nutzen aber auch inzwischen den Sabiha-Gökçen-Airport auf der asiatischen Seite. Hier sind Sie oft auf eine längere Taxifahrt ins Zentrum angewiesen, vor allem, wenn Sie nachts landen. Von Yeşilköy fährt der Flughafenbus tagsüber halbstündlich ins Zentrum. Auch der öffentliche Stadtbus Nr. 96 bringt Sie in Hotelnähe. Ein Taxi nach Sultanahmet kostet von Yeşilköy ca. 8 Euro, von Sabiha-Gökçen mindestens 25 Euro, nachts um 30 Prozent mehr.

Eine Autofahrt in die Türkei ist anstrengend und wegen teilweise chaotischer Verkehrsbedingungen nicht ganz ungefährlich. Aus fast allen großen Städten fahren preisgünstige Busse nach İstanbul (Preise variieren je nach Anbieter), die Fahrt ist jedoch strapaziös.

Ab München gibt es eine direkte Bahnverbindung über Budapest nach İstanbul. Die Fahrt dauert rund 44 Stunden und ist genauso teuer wie ein Charterflug.

Die Anreise per Schiff ab Venedig oder Brindisi ist zwar sehr reizvoll, kostet aber pro Auto plus eine Person mindestens 400 Euro.

AUSKUNFT VOR DER REISE

Türkisches Fremdenverkehrs- und Informationsamt

– Baseler Straße 37, 60329 Frankfurt/Main, Tel. 069/23 30 81, 23 30 82
– Singerstraße 2, 1010 Wien, Tel. 01/512 21 28, 512 21 29
– Talstrasse 74, 8001 Zürich, Tel. 01/221 08 10

AUSKUNFT IN İSTANBUL

Atatürk Hava Limanı
Yeşilköy (im Flughafengebäude), Tel. 663 64 00

Karaköy
Karaköy Yolcu Salonu (im Passagierterminal), Tel. 249 57 76

Sultanahmet
Informationspavillon Sultanahmet Meydanı (Bushaltestelle), Tel. 518 18 02

Taksim
Hilton Oteli Girisi (am Eingang zum Hotel Hilton), Tel. 233 05 92

BANKEN & GELDWECHSEL

Die Banken sind in der Regel Mo–Fr 8.30–12 und 13.30–17 Uhr geöffnet. Manche haben auch mittags und am Sonnabend auf *(öğlen açik)*. In allen Banken und Devisenbüros können Sie Geld wechseln. Am einfachsten und bequemsten ist es, mit EC-Karte am Bankautomaten Geld zu ziehen. Viele Geschäfte und Restaurants, fast alle Hotels und Tankstellen akzeptieren die gängigen Kreditkarten.

DIPLOMATISCHE VERTRETUNGEN

Deutsches Generalkonsulat (Alman Başkonsolosluğu)
Inönü Caddesi 16–18, Tel. 334 61 00, www.deutschesgeneralkonsulat-ist anbul.org.tr

Österreichisches Generalkonsulat (Avusturya Başkonsolosluğu)
Köybaşı Caddesi 46 (Yeniköy), Tel. 262 49 84, www.austrianconsulate. org.tr

Schweizer Generalkonsulat (Isviçre Başkonsolosluğu)
Hüsrev Gerede Caddesi 75/3 (Teşvikiye), Tel. 259 11 15, vertretung@ ist.rep.admin.ch

DOLMUŞ

Das türkische Wort *dolmuş*, »gefüllt«, bezeichnet das legendäre, billige und beliebte Sammeltaxi. Dieses besondere Gefährt bedient nur bestimmte, festgelegte Strecken und fährt erst dann ab, wenn es voll ist. Die Fahrt kostet nur etwa die Hälfte bis zwei Drittel des Preises, den man für die gleiche Strecke im normalen Taxi bezahlen müsste, und ist das Erlebnis wert.

EINREISE

Für drei Monate Aufenthalt genügt ein gültiger Reisepass; bei Ein- und

www.marcopolo.de

Im Internet auf Reisen gehen

Mit über 10 000 Tipps zu den beliebtesten Reisezielen ist MARCO POLO auch im Internet vertreten. Sie wollen nach Paris, auf die Kanaren oder ins australische Outback? Per Mausklick erfahren Sie unter www.marcopolo.de Wissenswertes über Ihr Reiseziel. Zusätzlich zu den Informationen aus den Reiseführern bieten wir Ihnen online:

- das *Reise Journal* mit aktuellen News, Artikeln, Reportagen
- den *Reise Service* mit Routenplaner, Währungsrechner und Compact Guides
- den *Reise Markt* mit Angeboten unserer Partner rund um das Thema Urlaub

Es lohnt sich vorbeizuschauen: Wöchentlich aktualisiert, gibt es immer wieder Neues zu entdecken. Bleiben Sie auf dem Laufenden mit unserem E-Mail-Newsletter, den Sie kostenlos abonnieren können!

Ausreise per Flug reicht auch der Personalausweis. Schüler und Studierende sollten einen Schüler- oder internationalen Studentenausweis mitnehmen, da sie damit oft bis zu 66 Prozent Rabatt auf Eintrittskarten bekommen.

Was kostet wie viel?

Taxi	**50 Cent** pro Kilometer
Kaffee	**1 Euro** für einen türkischen Kaffee
Wasser	**50 Cent** für ein Glas
Wein	**3 Euro** für ein Glas
Imbiss	**2 Euro** für einen Döner
Brot	**20 Cent** für einen Laib

ELEKTRIZITÄT

220-Volt-Wechselstrom, Adapter sind nicht notwendig.

GESUNDHEIT

Nach einem Arzt fragen Sie am besten im Hotel oder bei der Touristeninformation. Die Apotheken *(eczane)* sind in der Regel gut sortiert. Impfungen sind vor der Reise nicht erforderlich.

Deutsches Krankenhaus (Alman Hastanesi)
Sıraselviler Caddesi 119 (Taksim), Tel. 293 21 50

Österreichisches Krankenhaus (Avusturya Hastanesi)
Bereketzade Medresesi Sokak 7 (Karaköy), Tel. 243 25 90

INTERNET

Die offizielle Website der İstanbuler Stiftung für Kunst und Kultur *www.istfest.org* bietet ausführliche Informationen über die Film-, Musik-, Theater- und Jazzfestivals sowie die Biennale. Einen guten Überblick über İstanbul und die täglich wechselnden Veranstaltungen bieten die Websites *www.istanbul.com* und *www.istanbulcityguide.com.* Für Hotels schauen Sie unter *www.istanbulhotel.com* oder *http://istanbul.hotelguide.net* nach.

INTERNETCAFÉS

Sind überall zu finden, z. B.:
Beyoğlu – Taksim: *Zurna Internetcafé, İstiklal Caddesi, Zambak Sokak 10/2, Tel. 292 29 45, erguld@hotmail.com; Yağmur Cybercafé, Şeyh Bender Sokak (Tünel), Tel. 292 30 20, cafe@citlembik.com.tr; Idea Internet, İstiklal Caddesi Bekar Sokak 20/6, Tel. 292 84 33, yunusbal@hotmail.com*
Sultanahmet: *Backpackers Internet Café, Yeni Akbıyık Caddesi 22, Tel. 638 63 43, backpackers@turk.net; The Oriental Hostel, Yeni Akbıyık Caddesi 13, Tel. 518 07 89, orienthostel@superonline.com*
Asiatische Seite: *Cafco Internet Café, Cafer Ağa Mahallesi, Şair Latifi Sokak 17 (Moda), Tel. 216/449 19 93*

LEITUNGSWASSER

Das Leitungswasser ist zwar gechlort, sollte aber besser nicht getrunken und nur zum Kochen benutzt werden.

NOTRUF

Touristenpolizei: 527 45 03
Notruf landesweit: 155
Notarzt: 112

ÖFFENTLICHE VERKEHRSMITTEL

In İstanbul sind die Linienbusse das vollste und billigste Verkehrsmittel. Zentrale Busstationen sind am Taksim Meydanı, in Eminönü und am Hürriyet Meydanı in Beyazıt. Tickets werden hier am Schalter verkauft *(bilet)*. Meistens nimmt auch der Fahrer Geld entgegen. Bei längeren Aufenthalten lohnt es sich, ein elektronisches *Akbil*-Sammelticket zu kaufen. Eine moderne, schnelle Straßenbahn verkehrt zwischen Aksaray und Ferhatpaşa sowie zwischen Aksaray und Sirkeci. Seit 2001 ist die erste Strecke eines neuen U-Bahn-Netzes vom Taksim-Platz nach Levent in Betrieb. An weiteren Streckenabschnitten wird bereits gebaut.

In Eminönü sind auch die Anlegestellen der meisten Fährschiffe, die nach Üsküdar und Kadiköy auf der asiatischen Seite oder zu den Prinzeninseln fahren, sowie der Bosporus-Fährschiffe. Die Jetons für die Fähre sind ebenfalls am Schalter erhältlich.

POST

Postämter erkennt man an dem gelben Schild mit der Aufschrift »PTT«. Es gibt sie an allen zentralen Plätzen. In der Regel braucht die Post in EU-Länder und die Schweiz bis zu einer Woche. *Öff-*

Türkischer Kaffee

Eigentlich kommt er gar nicht aus der Türkei

Als Süleyman der Prächtige 1529 erstmals Wien belagerte, konnte er zwar die Stadt nicht einnehmen, veränderte aber die europäische Kultur – er brachte den Kaffee mit. Deshalb glauben viele bis heute, Kaffee käme aus der Türkei. Zwar beziehen wir ihn schon lange aus Mittel- und Südamerika, aber auch damals schon kam der Kaffee nicht aus der Türkei, sondern aus dem Jemen. Die Osmanen hatten den braunen Sud kennen gelernt, als sie die Arabische Halbinsel eroberten. Und noch heute kann man im Südosten entlang der syrischen Grenze einen arabischen Kaffee trinken, gegen den der türkische Mokka ein dünner Aufguss ist. Es klingt wie ein Treppenwitz der Geschichte, dass heutzutage in der Türkei fast ausschließlich Nescafé getrunken wird. Der gute Mokka aus der kleinen Tasse, der über der Flamme aufgekocht wird, heißt »Türk Kahvesi« und wird vor allem in guten Restaurants nach dem Essen serviert.

nungszeiten: Mo–Fr 8.30–12 und *13–17 Uhr.* Das Hauptpostamt, ein Bau im osmanischen Jugendstil, ist in *Sirkeci* in der *Pehlevi Caddesi (tgl. 9–19 Uhr).* Ihre Postkarten können Sie meistens aber auch an der Hotelrezeption abgeben.

PREISE & WÄHRUNG

Die Türkei ist seit 25 Jahren ein Hochinflationsland, deshalb werden Sie hier sofort zum Millionär. Eine Million türkische Lira entspricht noch nicht einmal einem Euro, Sie haben es deshalb immer mit großen Scheinen zu tun. Es gibt neben den Münzen, die alle nur wenige Cent wert sind, 500 000-Lira-Scheine, 1-Mio.-, 5-Mio.-, 10-Mio.- und 20-Mio.-Lira-Scheine. 2004 betrug 1 Euro ca. 1,7 Mio. türkische Lira. Die Preise in diesem Buch sind auf dieser Basis umgerechnet. Erkundigen Sie sich wegen des sich rasch ändernden Wechselkurses vor Ihrer Abreise nach dem aktuellen Kurs.

Für einen Kurzaufenthalt brauchen Sie nicht viel Geld zu tauschen, da Sie oft Ihre Kreditkarte einsetzen können. Die Türkei ist generell wesentlich günstiger als Deutschland, allerdings haben sich einige Preise westeuropäischem Niveau angepasst. Inlandsflüge kosten mittlerweile auch 150–200 Euro, und ein Mietwagen bei einer der großen Agenturen schlägt mit 40–50 Euro pro Tag zu Buche.

SICHERHEIT

Das Auswärtige Amt informiert Reisende ausführlich auf seiner Website *www.auswaertiges-amt.de* und durch das Infotelefon *(030 / 50 00 20 00)* über die Sicherheit im Zielland. Bitte beachten Sie vor Ihrer Abreise die offiziellen Hinweise.

TAXI

İstanbuls Straßen sind voller gelber Taxis, und man wird in der Regel ohne langes Warten eines heranwinken können. Vergewissern Sie sich aber vor der Fahrt, ob der Fahrer das Ziel kennt, und achten Sie darauf, dass der Taxameter angeschaltet ist. Taxifahren kostet rund ein Drittel von dem, was es in Deutschland kostet. Von Mitternacht bis 6 Uhr morgens gilt der Nachttarif (ca. 30 Prozent teurer).

TELEFON & HANDY

Telefonieren können Sie in Telefonzellen auch ins Ausland. Es gibt fast nur noch Kartentelefone. Telefonkarten *(telefon kartı)* kaufen Sie an Postämtern oder bei fliegenden Händlern an Zellen.

Telefonieren mit deutschen Mobilfunktelefonen ist grundsätzlich möglich *(Auskunft: www.gsmworld. com).* Ein normales Dreiminuten-Festnetzgespräch nach Deutschland kostet etwa 5 Euro. Wenn das Telefonmonopol des Staates aufgehoben ist, werden Ferngespräche auch in der Türkei billiger.

Es gibt in der Türkei drei Handynetze: Turkcell, Telsim und Aria, von denen Turkcell das größte ist. *Vorwahl für Deutschland:* 0049 *Vorwahl für Österreich:* 0043 *Vorwahl für die Schweiz:* 0041 *Vorwahl für die Türkei:* 0090 *Vorwahl für İstanbul, europäische Seite:* 0090/212; *İstanbul, asiatische Seite:* 0090/216; auch bei Ortsgesprächen über den Bosporus hinweg sind jeweils 0216 (für »Asien«) bzw. 0212 (für »Europa«) vorwegzuwählen.

ZEITUNGEN

In İstanbul sind die großen deutschen Magazine und Tageszeitungen zumeist am Erscheinungstag erhältlich. Verkaufsstände befinden sich u. a. in Tünel, am Taksim-Platz, an der Divan Yolu in Kadiköy (Fähranlegestelle) und in den großen Hotels. Neben der täglichen »Turkish Daily News« erscheinen monatlich das Stadtmagazin »Time Out« und vierteljährlich der »Istanbul Guide« in Englisch.

ZOLL

Ausländische wie türkische Währung darf von jedermann in unbegrenzter Höhe in die Türkei mitgenommen werden.

Zollfrei eingeführt werden dürfen 200 Zigaretten oder 20 Zigarren sowie 5 l alkoholische Getränke. Kraftfahrzeuge werden bei der Einreise im Pass vermerkt. Die Ausfuhr antiker (über hundert Jahre alter) Gegenstände ist verboten. Bei Mitnahme sonstiger alter Gegenstände ist die Genehmigung eines Museumsdirektors beizubringen; führen Sie einen neuen Teppich mit, genügt die Vorlage der Rechnung.

Bei Rückreise in die EU gelten u. a. folgende Freimengen: eine Stange Zigaretten, 250 g Rauchtabak oder 50 Zigarren, 2 l Wein und 1 l Spirituosen, 500 g Kaffee, 50 g Parfüm, 0,25 l Eau de Toilette, sonstige Waren bis zu einem Wert von insgesamt 175 Euro. Info online: *www.zoll-d.de*

Wetter in İstanbul

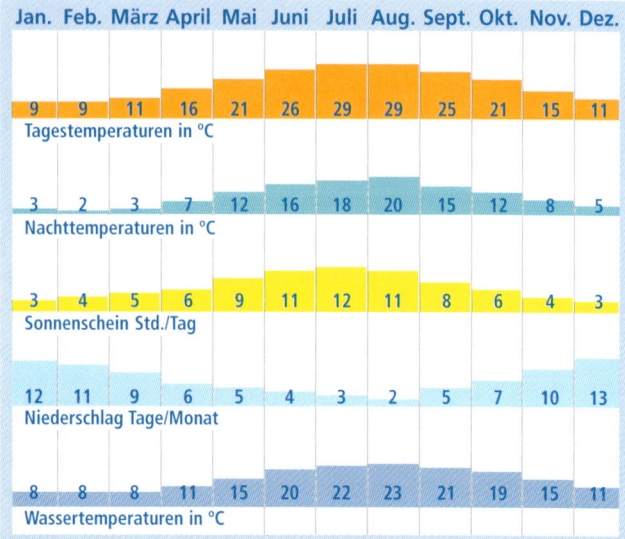

	Jan.	Feb.	März	April	Mai	Juni	Juli	Aug.	Sept.	Okt.	Nov.	Dez.
Tagestemperaturen in °C	9	9	11	16	21	26	29	29	25	21	15	11
Nachttemperaturen in °C	3	2	3	7	12	16	18	20	15	12	8	5
Sonnenschein Std./Tag	3	4	5	6	9	11	12	11	8	6	4	3
Niederschlag Tage/Monat	12	11	9	6	5	4	3	2	5	7	10	13
Wassertemperaturen in °C	8	8	8	11	15	20	22	23	21	19	15	11

Türkçe biliyormusun?

»Sprichst du Türkisch?«
Dieser Sprachführer hilft Ihnen, die wichtigsten
Wörter und Sätze auf Türkisch zu sagen

Zur Erleichterung der Aussprache:

ı	nur angedeutetes »e« wie in »bit**t**en, dank**e**n«, Bsp.: ırmak
c	wie in »In**ge**nieur«, Bsp.: cam
ç	wie in »**Tsch**eche, deu**tsch**«, Bsp.: çan
h	wie in »Ba**ch**, no**ch**«, Bsp.: hamam
ğ	»Dehnungs-g«, wird nicht ausgesprochen. Entspricht deutschem »Dehnungs-h« in »Za**h**n«, Bsp.: yağmur
j	wie in »Gara**g**e, Lo**g**e«, Bsp.: jilet
ş	wie in »**sch**ön, Ti**sch**«, Bsp.: şeker
v	wie in »**W**asser, **V**ioline«, Bsp.: vermek
y	wie in »**j**eder«, Bsp.: yok
z	wie in »le**s**en, rei**s**en«, Bsp.: deniz

AUF EINEN BLICK

Ja./Nein.	Evet./Hayır.
Bitte./Danke.	Lütfen./Teşekkür ederim.
Gern geschehen.	Rica ederim.
Entschuldigung!	Afedersiniz!/Özür dilerim.
Wie bitte?	Efendim?/Nasıl?
Ich verstehe Sie/dich nicht.	Sizi/Seni anlayamıyorum.
Ich spreche nur wenig …	Biraz … konuşuyorum.
Können Sie mir bitte helfen?	Lütfen bana yardım eder misiniz?
Ich möchte …	… istiyorum.
Das gefällt mir (nicht).	Bu hoşuma gidiyor (gitmiyor).
Haben Sie …?	Sizde … var mı?
Wie viel kostet es?	Bu kaça?
Wie viel Uhr ist es?	Saat kaç?

KENNENLERNEN

Guten Morgen!	Günaydın!
Guten Tag!	İyi günler!/Merhaba!
Guten Abend!	İyi akşamlar!
Hallo! Grüß dich!	Merhaba!/Selâm!
Wie ist Ihr Name, bitte?	İsminiz nedir?/Adınız nedir?

Mein Name ist …	İsmim …
Wie geht es Ihnen/dir?	Nasılsınız?/Nasılsın?
Danke. Und Ihnen/dir?	Teşekkür ederim. Siz nasılsınız?/ Sen nasılsın?
Auf Wiedersehen!	Allaha ısmarladık!
Tschüss!	Eyvallah!/Hoşça kal!
Bis bald!	Yakında görüşmek üzere!
Bis morgen!	Yarın görüşmek üzere!

UNTERWEGS

Auskunft

links/rechts	sol/sağ
geradeaus	doğru
nah/weit	yakın/uzak
Wie weit ist das?	Ne kadar uzaklıkta?
Ich möchte für zwei Tage … mieten.	İki günlüğüne … kiralamak istiyorum.
… einen Wagen …	… bir araba …
… ein Fahrrad …	… bir bisiklet …
Bitte, wo ist …	Affedersiniz, … nerede?
… der Hauptbahnhof?	… merkez istasyonu, ana gar …
… die U-Bahn?	… metro …
… der Flughafen?	… hava alanı/limanı …
Zum … Hotel.	… oteline.

Panne

Ich habe eine Panne/ einen Platten.	Bir arıza/patlak lastik var.
Würden Sie mir bitte einen Mechaniker/einen Abschleppwagen schicken?	Lütfen, bana bir tamirci/ bir çekme arabası gönderir misiniz?
Wo ist hier in der Nähe eine Werkstatt?	Yakında nerede bir tamirhane var?

Tankstelle

Wo ist bitte die nächste Tankstelle?	En yakın benzinci nerede acaba?
Ich möchte … Liter …	… litre istiyorum
… Normalbenzin.	… normal benzin.
… Super./… Diesel.	… süper./motorin.
… bleifrei/… verbleit.	… kurşunsuz/kurşunlu.
Voll tanken, bitte.	Doldurun/Ful, lütfen.

Unfall

| Hilfe! | İmdat! |
| Achtung!/Vorsicht! | Dikkat! |

Rufen Sie bitte schnell ... — Acele ... çağırın, lütfen.
... einen Krankenwagen. — ... ambülans ...
... die Polizei. — ... polisi ...
... die Feuerwehr. — ... itfaiyeyi ...
Haben Sie Verbandszeug? — Sargı malzemeniz var mı?
Es war meine/Ihre Schuld. — Benim suçumdu./Sizin suçunuzdu.
Ich möchte den Schaden durch meine Versicherung regeln lassen. — Hasarı sigortam aracılığıyla düzelttirmek istiyorum.
Geben Sie mir bitte Ihren Namen und Ihre Anschrift. — Lütfen bana isim ve adresinizi verin.

ESSEN/UNTERHALTUNG

Wo gibt es hier ... — Burada nerede ... var?
... ein gutes Restaurant? — ... iyi bir lokanta ...
... ein typisches Restaurant? — ... tipik bir lokanta ...
Gibt es hier eine gemütliche Kneipe? — Burada rahat bir meyhane var mı?
Reservieren Sie uns bitte für heute Abend einen Tisch für vier Personen. — Bu akşama dört kişilik bir masa ayırın lütfen.
Auf Ihr Wohl! — Sağlığınıza!
Bezahlen, bitte. — Hesabı lütfen.
Hat es geschmeckt? — Hoşunuza gitti mi?
Das Essen war ausgezeichnet. — Yemek çok güzeldi.
Wo werden Bauchtänze aufgeführt? — Göbek dansı nerede gösteriliyor?

EINKAUFEN

Wo finde ich ... — Nerede ... bulabilirim?
... eine Apotheke? — ... eczane ...
... eine Bäckerei? — ... fırın, ekmekçi ...
... Fotoartikel? — ... fotoğraf malzemesi ...
... ein Kaufhaus? — ... büyük mağaza, süpermarket ...
... ein Lebensmittelgeschäft? — ... bakkal, gıda satış mağazası ...
... den Markt? — ... pazar/çarşı ...

ÜBERNACHTUNG

Können Sie mir bitte ... empfehlen? — Bana ... tavsiye edebilir misiniz, lütfen?
... ein gutes Hotel ... — ... iyi bir otel ...
... eine Pension ... — ... bir pansiyon ...
Haben Sie noch Zimmer frei? — Boş odanız var mı?

ein Einzelzimmer	tek kişilik bir oda
ein Zweibettzimmer	çift yataklı bir oda
mit Dusche/Bad	duşlu/banyolu
für eine Nacht	bir gecelik
für eine Woche	bir haftalık
Ich habe bei Ihnen ein Zimmer reserviert.	Ben bir oda ayırttım.
Was kostet das Zimmer mit ...	Bu oda ... kaça?
... Frühstück?	... kahvaltılı ...
... Halbpension?	... akşam/öğlen yemekli (yarım pansiyon) ...

PRAKTISCHE INFORMATIONEN

Arzt

Können Sie mir einen guten Arzt empfehlen?	Bana iyi bir doktor tavsiye edebilir misiniz?
Ich habe Kopfschmerzen.	Benim başım ağrıyor.
Ich habe Fieber.	Ateşim var.
Ich habe hier Schmerzen.	Buram ağrıyor.

Bank

Wo ist hier bitte eine Bank?	Nerede banka var?
Ich möchte ... Euro (Schweizer Franken) in türkische Lira umwechseln.	Euro (Isviçre Frankı) karşılığında Türk Lirası istiyorum.

Post

Was kostet ...	Bir ... kaça gidiyor?
... ein Brief ...	... mektup ...
... eine Postkarte ...	... posta kartı ...
... nach Deutschland?	... Almanya'ya?

ZAHLEN

1	bir	13	on üç	70	yetmiş
2	iki	14	on dört	100	yüz
3	üç	15	on beş	200	iki yüz
4	dört	16	on altı	1000	bin
5	beş	17	on yedi	2000	iki bin
6	altı	18	on sekiz	3000	üç bin
7	yedi	19	on dokuz	10 000	on bin
8	sekiz	20	yirmi	100 000	yüz bin
9	dokuz	21	yirmi bir	1 000 000	bir milyon
10	on	22	yirmi iki		
11	on bir	30	otuz	1/2	yarım
12	on iki	50	elli	1/4	çeyrek

Cityatlas
İstanbul

**Die Seiteneinteilung für den Cityatlas finden Sie
auf dem hinteren Umschlag dieses Reiseführers**

Mit freundlicher Unterstützung von

kein urlaub ohne

holiday
autos

www.holidayautos.com

anzeige

total relaxed in den urlaub: einsteiger-übung

1. lehnen sie sich entspannt zurück und gleiten sie in gedanken zu den cleveren angeboten von holiday autos. stellen sie sich vor, als weltgrösster vermittler von ferienmietwagen bietet ihnen holiday autos

   - mietwagen in über 80 urlaubsländern
   - zu äusserst attraktiven preisen

2. vergessen sie jetzt die üblichen zuschläge und überraschungen. dank

   - alles inklusive tarife
   - wegfall der selbstbeteiligung
   - und min. 1,5 mio € haftpflichtdeckungssumme (usa: 1,1 mio €)

   steht ihr endpreis bei holiday autos von anfang an fest.

3. nehmen sie ganz ruhig den hörer, wählen sie die telefonnummer **0180 5 17 91 91** (12cent/min), surfen sie zu **www.holidayautos.com** oder fragen sie in ihrem reisebüro nach den topangeboten von holiday autos!

kein urlaub ohne

holiday autos

Motorway
Autobahn
Autoroute

Great passage way
Hauptverkehrsstr.
Route principale

Pedestrians only
Fußgängerzone
Seulement pour piétons

Railway
Eisenbahn
Chemin de fer

Light Railway
Stadtbahn
Sémi-Métro, Métro

Tramway
Straßenbahn
Tram

Hospital; Police
Krankenhaus; Polizei
Hôpital; Police

Post office
Postamt
Bureau de poste

Museum, Library
Museum, Bibliothek
Musée, Bibliothèque

Mosque
Moschee
Mosquê

Church, Monument
Kirche, Denkmal
Église, Monument

City walks
Stadtspaziergänge
Promenades en ville

Landing place
Anlegestelle
Embarcadère

Car Park, Parking house
Parkplatz, Parkhaus
Parking, Parking couvert

Theatre, Hotel
Theater, Hotel
Théâtre, Hôtel

Information, Bath
Information, Badeanstalt
Information, Piscine

Synagogue
Synagoge
Synagogue

Built-up area
Bebaute Fläche
Terrain bâti

Industrial area
Industriegelände
Terrain industriel

Public building
Öffentliches Gebäude
Bâtiment public

Park
Park
Parc

Sports ground
Sportplatz
Terrain de sports

Cemetery
Friedhof
Cimetière

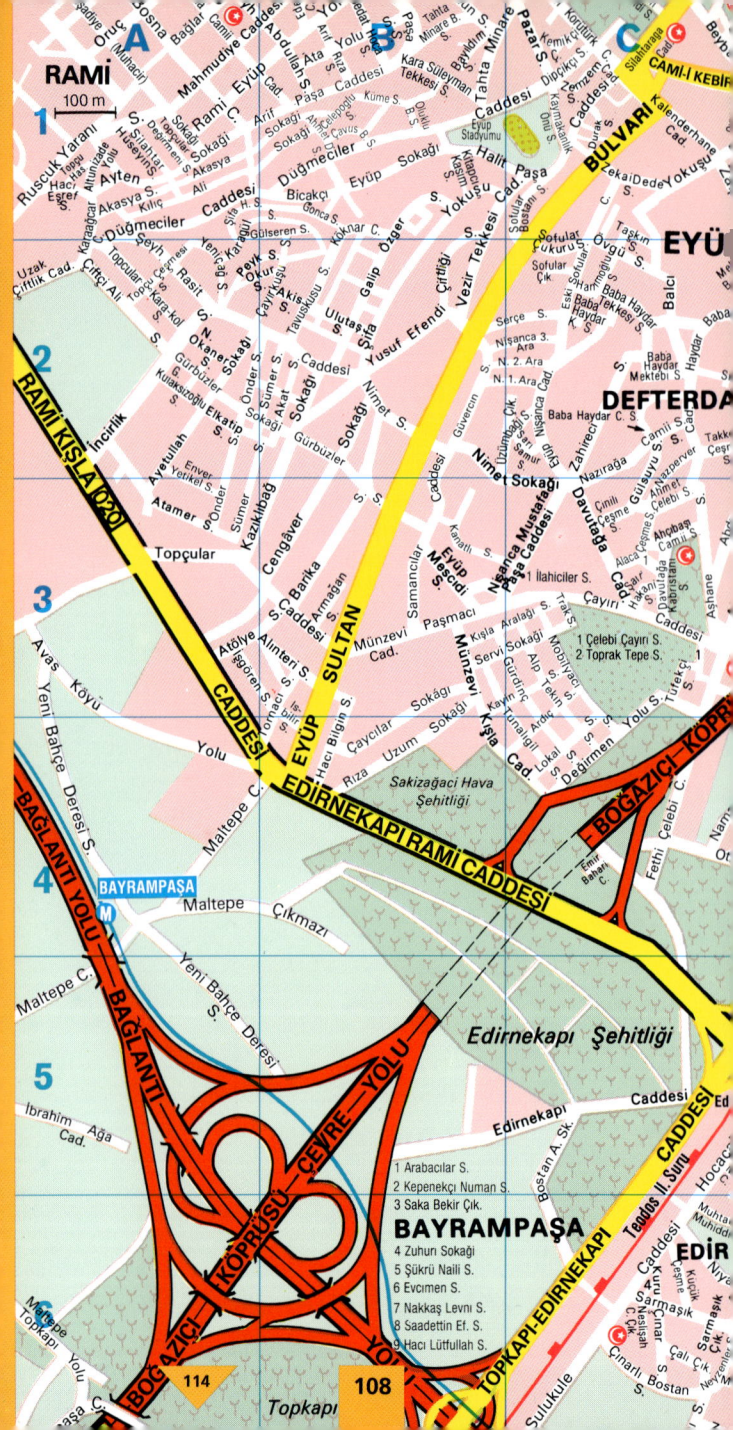

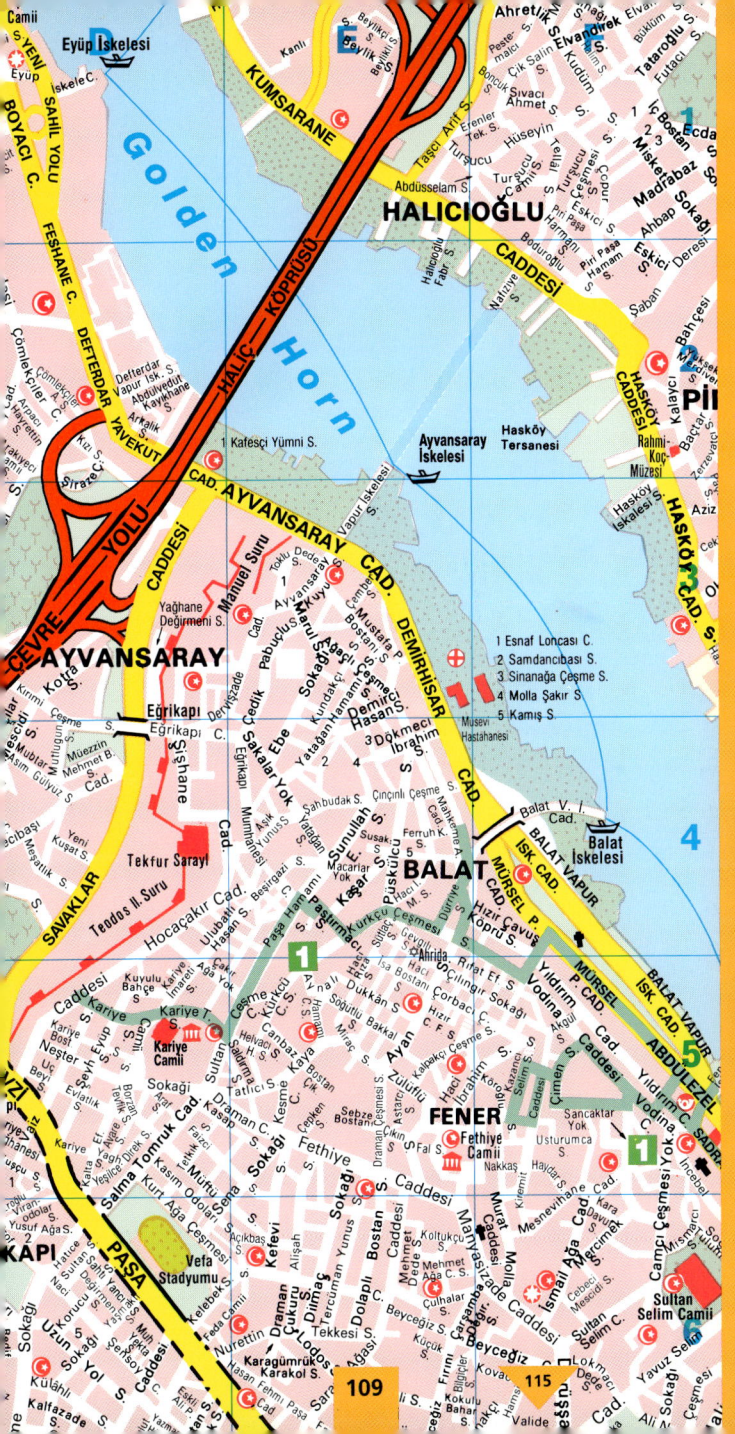

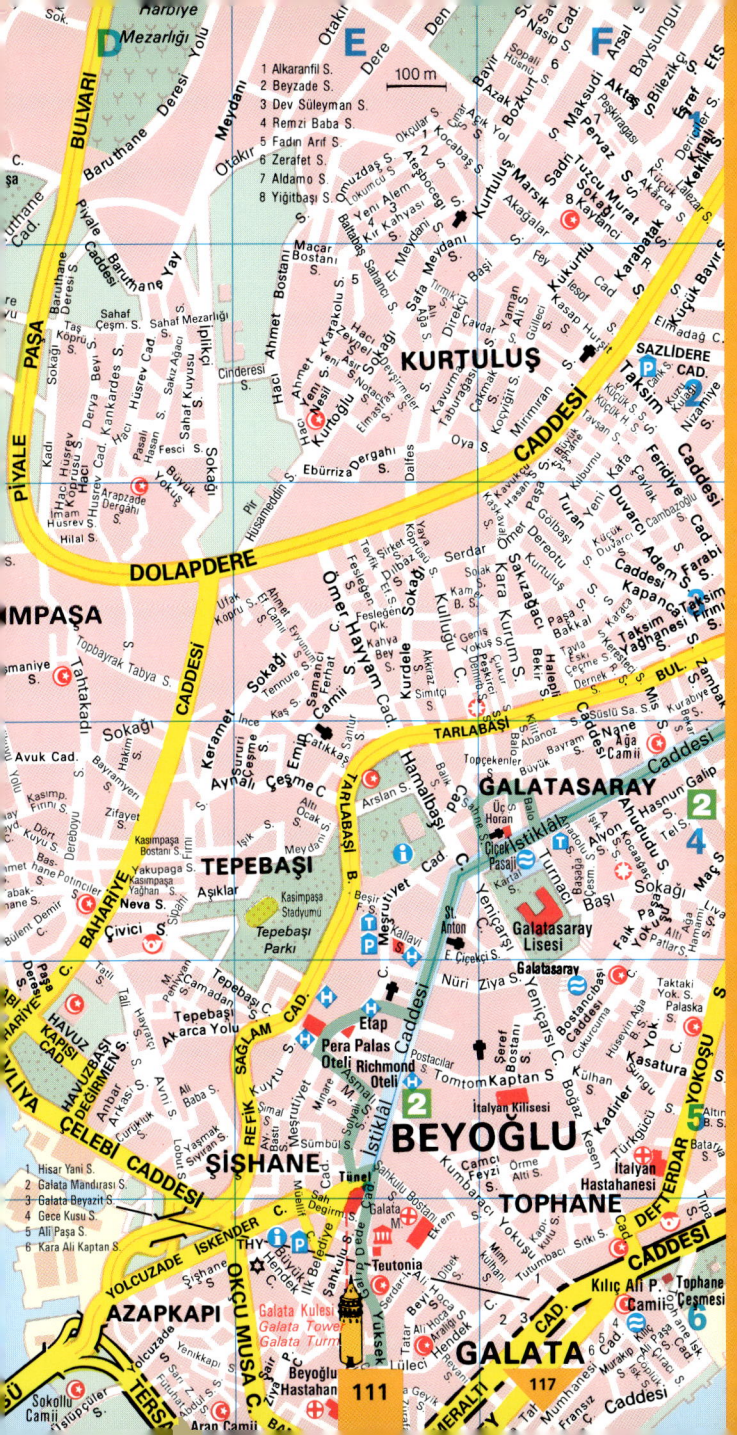

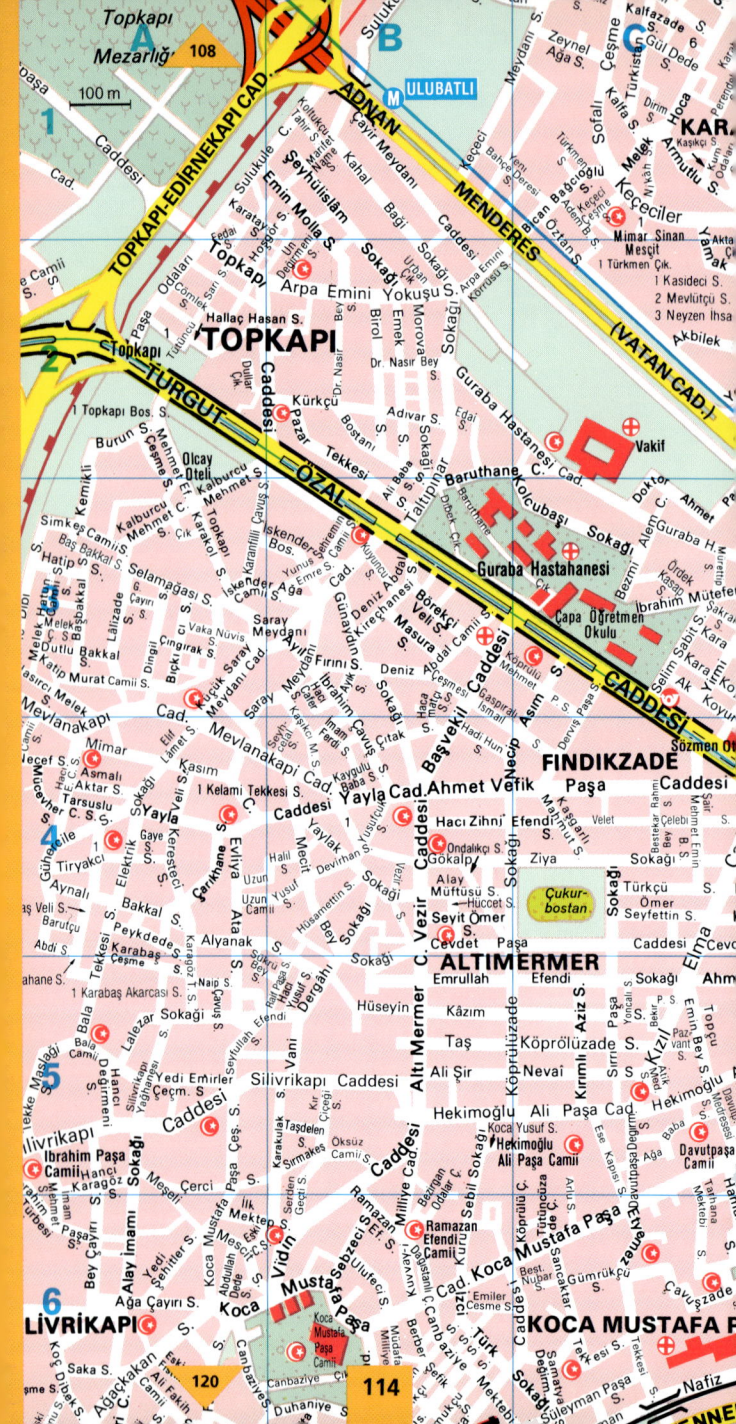

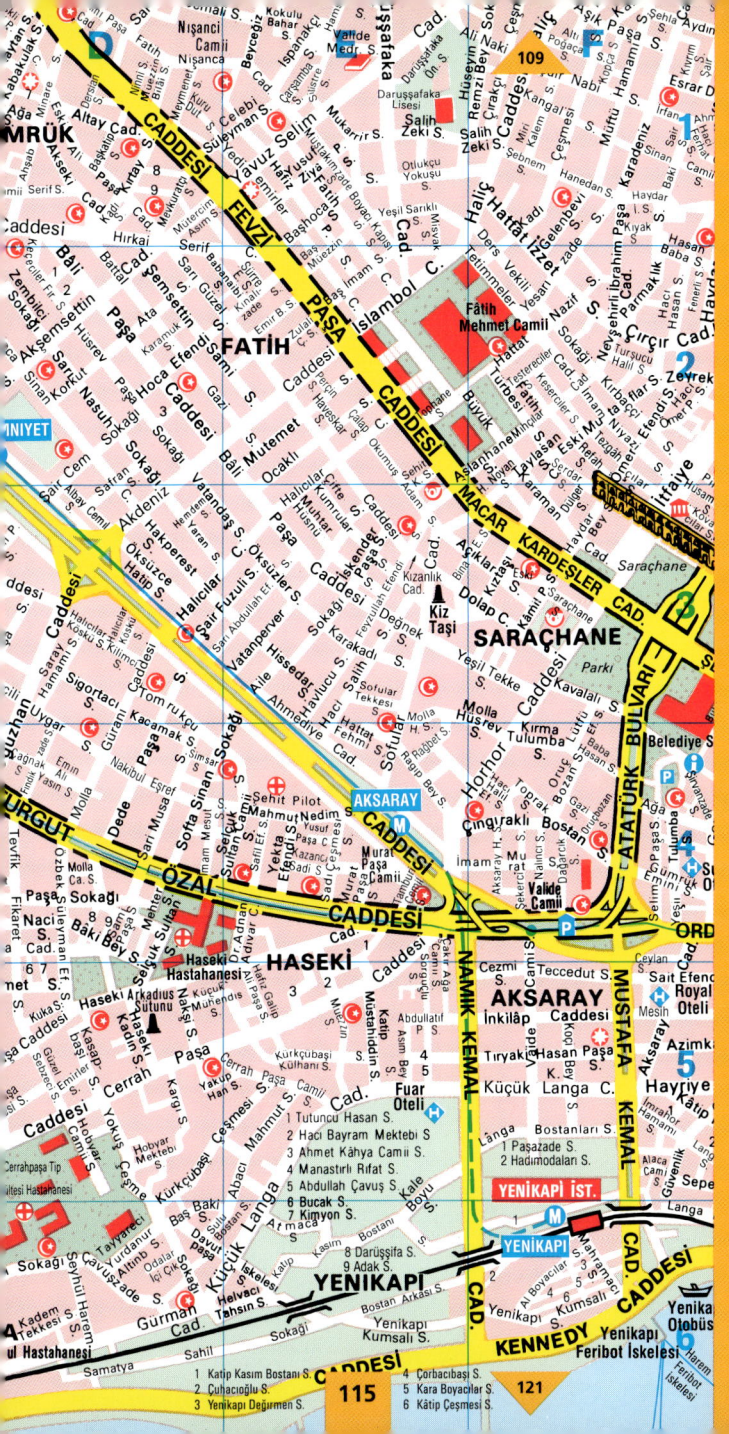

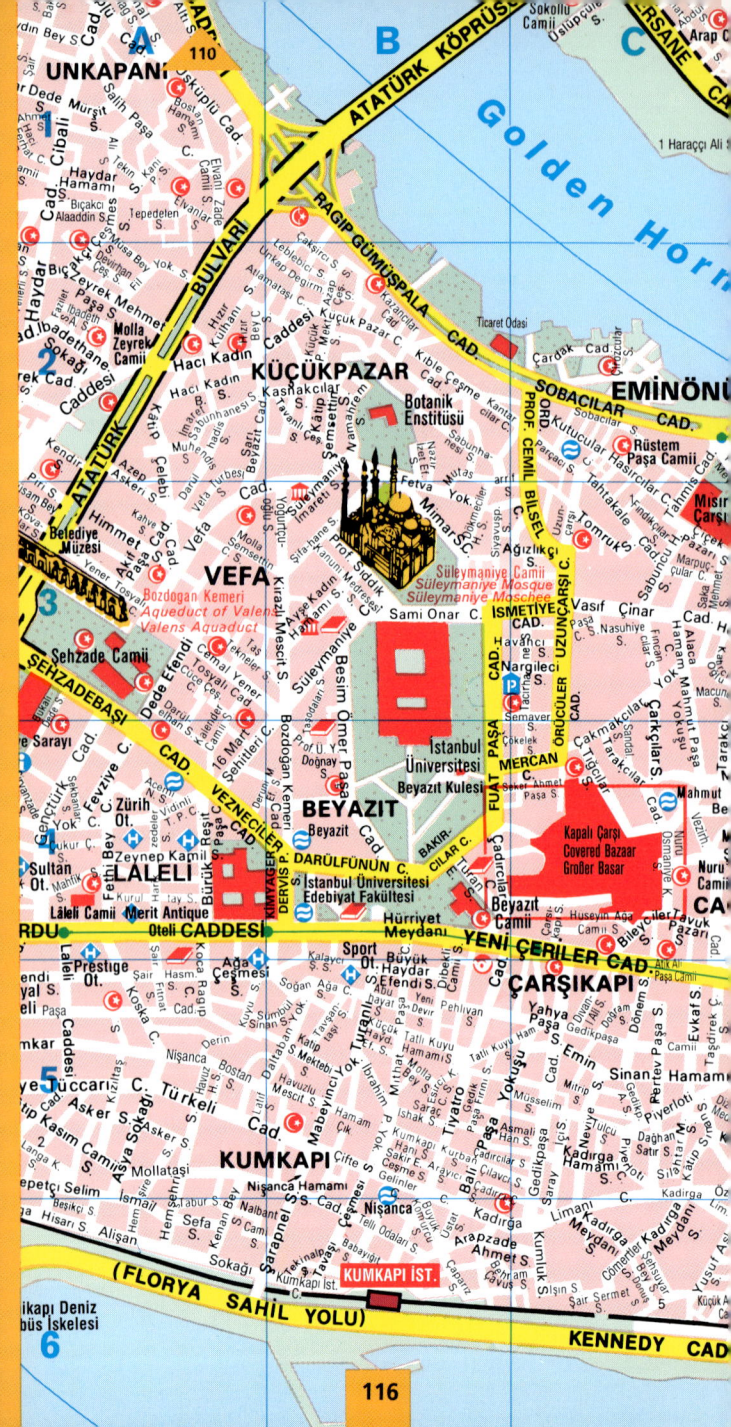

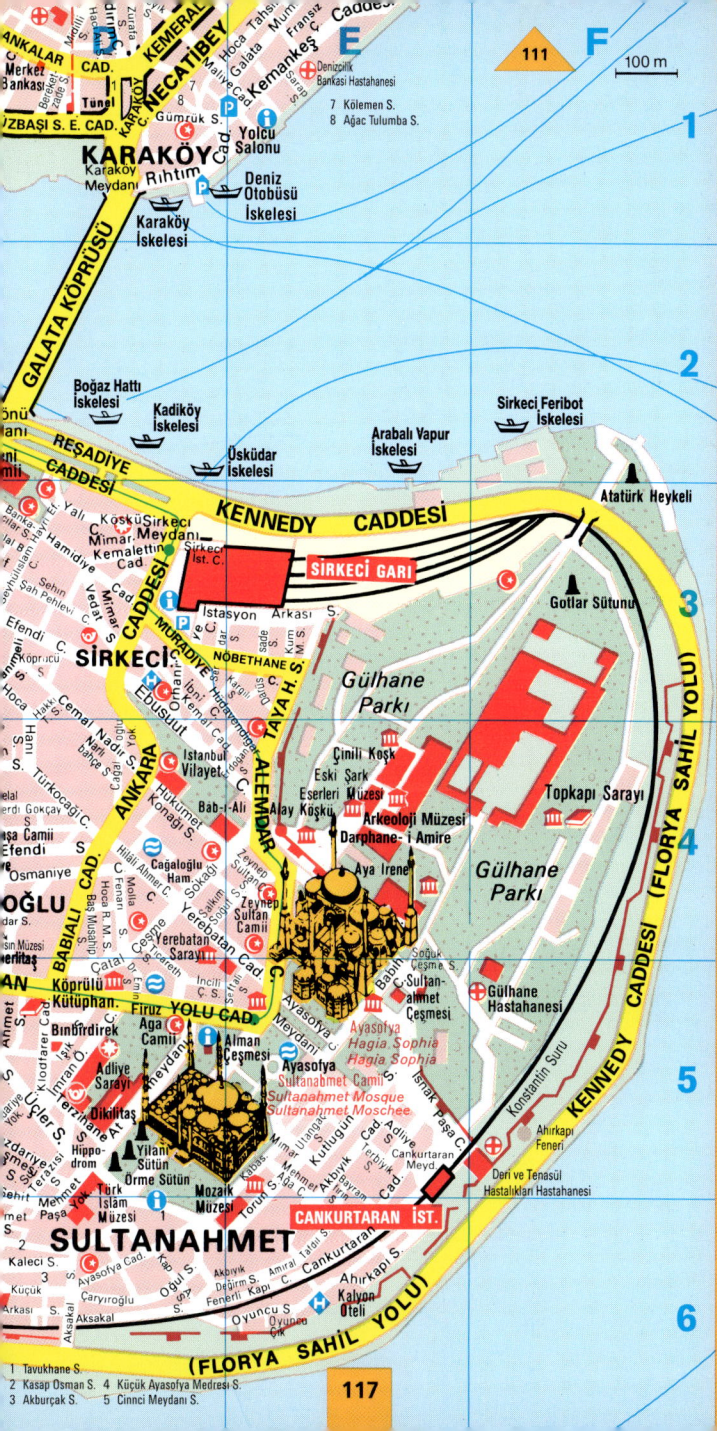

100 m

ANKALAR
Merkez
Bankası
ÜZBAŞI S. E. CAD.

D.
CAD.
KEMERAL
NECATİBEY

Tünel

Zürafa
Beğoz
zade
Mumhane Zürafa
Hoca Tahsin
Galata
Kemankeş Caddesi
Fransız
Malle

KARAKÖY
Karaköy
Meydanı

Rıhtım
Gümrük S.
Yolcu
Salonu

Deniz
Otobüsü
İskelesi

Karaköy
İskelesi

Denizcilik
Bankası Hastahanesi
7 Kölemen S.
8 Ağaç Tulumba S.

GALATA KÖPRÜSÜ

Boğaz Hattı
İskelesi

Kadıköy
İskelesi

Üsküdar
İskelesi

Arabalı Vapur
İskelesi

Sirkeci Feribot
İskelesi

önü
anı
mli

REŞADİYE
CADDESİ

KENNEDY CADDESİ

Atatürk Heykeli

Banka
İst.
al B.
Şehvolakatlar

Yalı Köşkü Sirkeci
Mimar Meydanı
Kemalettin
Cad.

Mimar
Vedat
Şah Pehlevi
C.

Sirkeci
İst. C.

SİRKECİ GARI

İstasyon Arkası S.

Gotlar Sütunu

Efendi C.
Köprücü

Nöbethane
Kum
M.N.S.

SİRKECİ

Ebusuut
C.

TAYA H. S.

Gülhane
Parkı

Türkocağı C.
erdi Gökçay S.
şa Camii
Efendi
C.
Osmaniye

ANKARA CAD.

MURADİYE CADDESİ

İstanbul
Vilayet
Hükümet
Konağı S.

ALEMDAR

Çinili Köşk
Eski Şark
Eserleri Müzesi
Alay Köşkü

Topkapı Sarayı

ÖĞLU
rlitaş

BABIALİ CAD.

Bab-ı Ali
Cağaloğlu
Ham.
Hilâl Ahmer C.

Arkeoloji Müzesi
Darphane-i Amire

Aya İrene

Gülhane
Parkı

AN

Köprülü
Kütüphan.

YOLU CAD.

Yerebatan
Sarayı

Zeynep
Sultan
Camii

Çatal Çeşme S.

Soğuk
Çeşme S.
Babıh.

C.-Sultan-
ahmet
Çeşmesi

Gülhane
Hastahanesi

Ahmet
C.

Binbirdirek

Firuz
Ağa
Camii

Alman
Çeşmesi

Ayasofya
Meydanı

Ayasofya
Hagia Sophia
Hagia Sophia

İsmak Paşa C.

Konstantin Suru

KENNEDY CADDESİ (FLORYA SAHİL YOLU)

Adliye
Sarayı

Dikilitaş

Sevda

Ayasofya
Sultanahmet Camii
Sultanahmet Mosque
Sultanahmet Moschee

Ahırkapı
Feneri

Üçler S.

Hippo-
drom

Yılanlı
Sütun

Örme Sütün

Cankurtaran
Meyd.

Deri ve Tenasül
Hastalıkları Hastahanesi

Türk
İslam
Müzesi

Mozaik
Müzesi

CANKURTARAN İST.

SULTANAHMET

Kaleci S.
Küçük
Arkası

Ayasofya Cad.
Çayıroğlu
Akbıyık
Değirm. S.
Fenerli Kapı

Amiral Tafdil S.
Akbıyık Kapı

Cankurtaran

Ahırkapı

Kalyon
Oteli

Akbıyık S.
Oyuncu C.
Oyuncu
Çık.

(FLORYA SAHİL YOLU)

1 Tavukhane S.
2 Kasap Osman S.
3 Akburçak S.
4 Küçük Ayasofya Medresi S.
5 Cinnci Meydanı S.

112

1

B o ğ a

B o s p o

2

Sirkeci Feribot
İskelesi

Arabalı Vapur
İskelesi

Atatürk Heykeli

ADDESİ

GARI

3

Gotlar Sütunu

ilhane
Parkı

Köşk

esi

Arkeoloji Müzesi

Topkapı Sarayı

(FLORYA SAHİL YOLU)

a Irene

4

Gülhane
Parkı

Soğuk
Çeşme S.

C. Sultan-
ahmet
Çeşmesi

Gülhane
Hastanesi

Konstantin Suru

KENNEDY CADDESİ

sofya

gia Sophie
gia Sophia

mü

Mosque
Moschee

5

Yeni Çeriş Paşa C.

ad Adliye
ebiyk
Cad

Cankurtaran
Meyd.

Ahırkapı
Feneri

Deri ve Tenasül
Hastalıkları Hastanesi

RAN İST.

kapı S.

YOLU)

6

100 m

Kızıl Adalar

Yenikapı Deniz Otobüs İskelesi

içi

u s

SAHİL YOLU

113

YOLU

Uncular Cad.

DOĞANCILAR

CAD.

Salacak
İskelesi

ÜSKÜDAR

Kız Kulesi
The Girl's Tower
Mädchen Turm

ÜSKÜDAR

DOĞANCILAR CAD.

HALK CAD.

Halk Dershanesi
Ahali S.

TUNUS

1 Salacak Bostanı S.
2 Ramazanoğlu S.
3 Ishaniye S.
4 Tahririye S.

DOĞANCILAR

Paşa Kapısı

BAĞI CAD.

HAREM

İhsaniye

İhsaniye İskelesi

İhsaniye
C.S.

Köprülü
Konak S. Ethem

İHSANİYE

1 Fıstıklı Namazgâh S.
2 Tosun Paşa S.
3 Hafızı Kurra S.

Şerif Bey Çeşmesi

Caddesi

Harem Feribot
İskelesi

SAHİL YOLU

İskele Daye Kadın S.

Selimiye Cam.

Şerif Kuyusu

Harem
Otobüs
Termi-
nali

Selimiye İskele

HAREM YOLU

Bükücüler
Hanı S.

Selimiye
Kışla

Gümrük

İSTANBUL-ANKARA-DEVLET YOLU

Selimiye
Kışlası

Kavak

SELİMİYE

D100

Burhan

Felek

Haydarpaşa Garı

Marmara
Üniversitesi

6

Caddesi

119

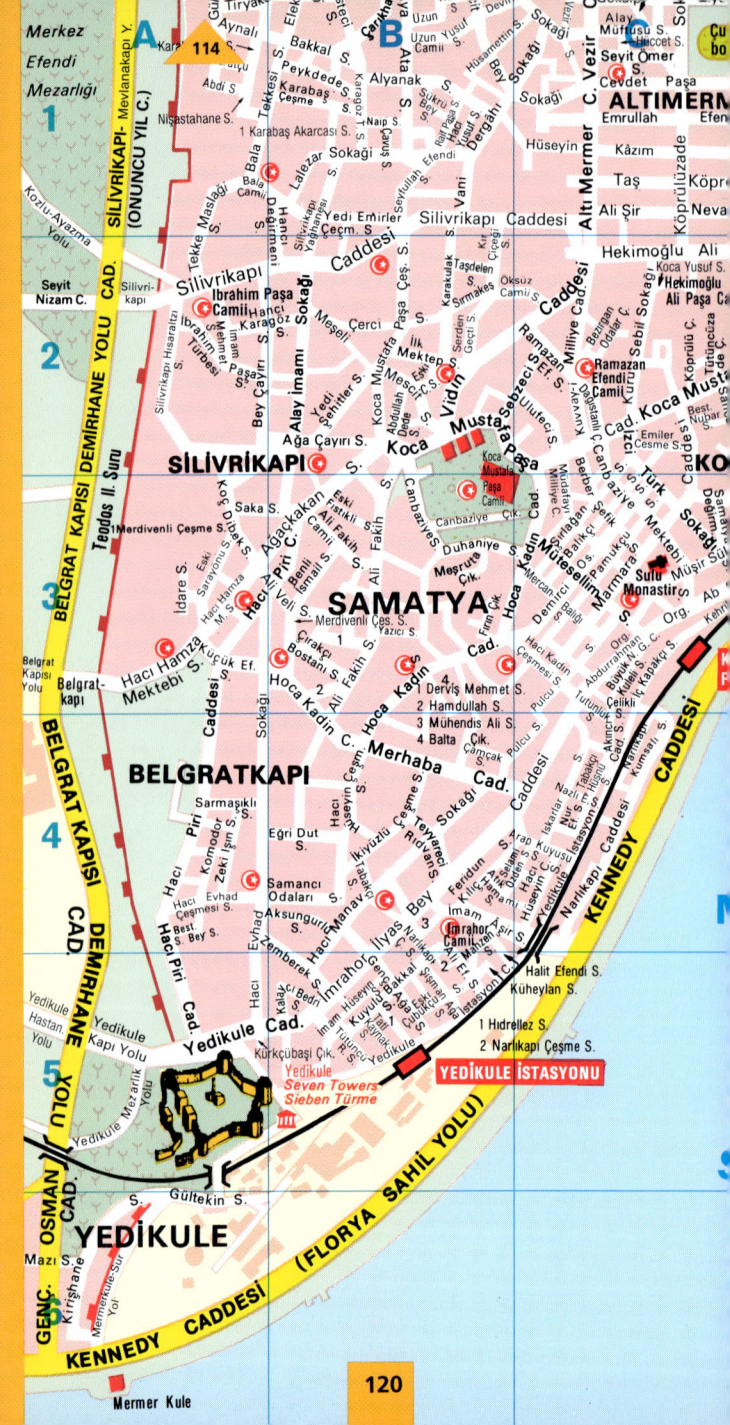

Türkçü
Ömer
Seyfettin S.

Münif Paşa Sokağı

Hatip Naci S.

UZAL

ESİ
115

Caddesi

Ahmet Hikmet S.

Haseki
Hastahanesi

HASEKİ

Caddesi

Cezmi

AKS

İnkilâp

Tıryaki

Küçük

Haseki Arkadius
Tütünü

Haseki
Kadın S.

Cerrah
Paşa

Cerrah Paşa Çeşmesi

Cad.

Fuar
Oteli

Davutpaşa
Camii

Cerrahpaşa Tip
Fakültesi Hastahanesi

Kürkçübaşı
Kütnanı

Camii

1 Tutuncu Hasan S.
2 Hacı Bayram Mektebi S
3 Ahmet Kâhya Camii S.
4 Manastırlı Rifat S.
5 Abdullah Çavuş S
6 Bucak S.
7 Kimyon S.

YENİKA

YENİK

Camli Sokağı

Kürkçübaşı
Çeşme

Küçük Langa

Cad.

8 Darüşşifa S.
9 Adak S.

MUSTAFA PAŞA

İstanbul Hastahanesi

Helvacı
Tahsin S.

YENİKAPI

Bostan Arkası S.

Yenikapı

Nafiz

Samatya

Sahil

Yenikapı
Kumsalı S.

KENN

KENNEDY

CADDESİ

1 Katip Kasım Bostanı S.
2 Çuhacıoğlu S.
3 Yenikapı Değirmen S.

4 Çorbacıbaşı S.
5 Kara Boyacılar S.
6 Kâtip Çeşmesi S.

3

STAFA
ASYONU

4

MARMARA DENİZİ

5

EA OF MARMARA

6

100 m

121

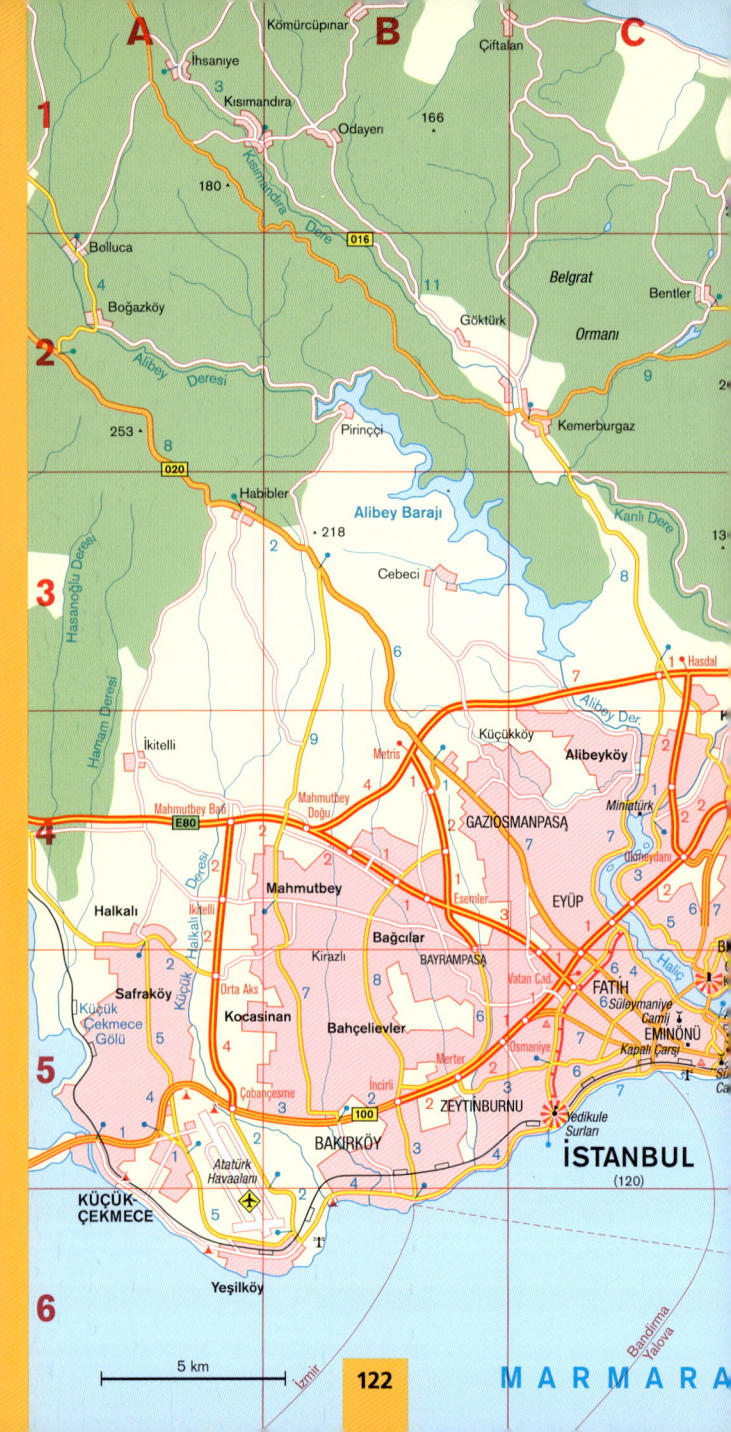

A

İhsaniye
Kömürcüpınar
B
Çiftalan
C

1
Kısımandıra
166
Odayeri

180
Kısımandıra Dere
016
Belgrat

Bolluca
Göktürk
Ormanı
Bentler

Boğazköy

2
Alibey Deresi
9
Kemerburgaz

253
8
Pirinççi
020
Alibey Barajı

Habibler
Kanlı Dere

218
Cebeci
8
13

3
Hasanoğlu Deresi
6
1 Hasdal

Harami Deresi
İkitelli
9
Metris
Küçükköy
Alibeyköy
7

Mahmutbey Bağ
E80
Mahmutbey Doğu
GAZİOSMANPAŞA
Miniatürk
Ok meydanı

4
Halkalı
İkitelli Deresi
2
Mahmutbey
2
Esenler
EYÜP
5
Halic

Küçük Halkalı
Kirazlı
Bağcılar
BAYRAMPAŞA
3
Vatan Cad.
FATİH
Süleymaniye
B

Safraköy
Orta Aks
7
Bahçelievler
Osmaniye
EMİNÖNÜ
Kapalı Çarşı

5
Küçük Çekmece Gölü
Kocasinan
4
İncirli
Merter
2
3
Yedikule Surları

Cobançeşme
3
100
ZEYTİNBURNU
6

BAKIRKÖY
3
İSTANBUL
(120)

6
KÜÇÜK-ÇEKMECE
Atatürk Havaalanı
5

Yeşilköy

5 km
İzmir
122
M A R M A R A
Bandırma Yalova

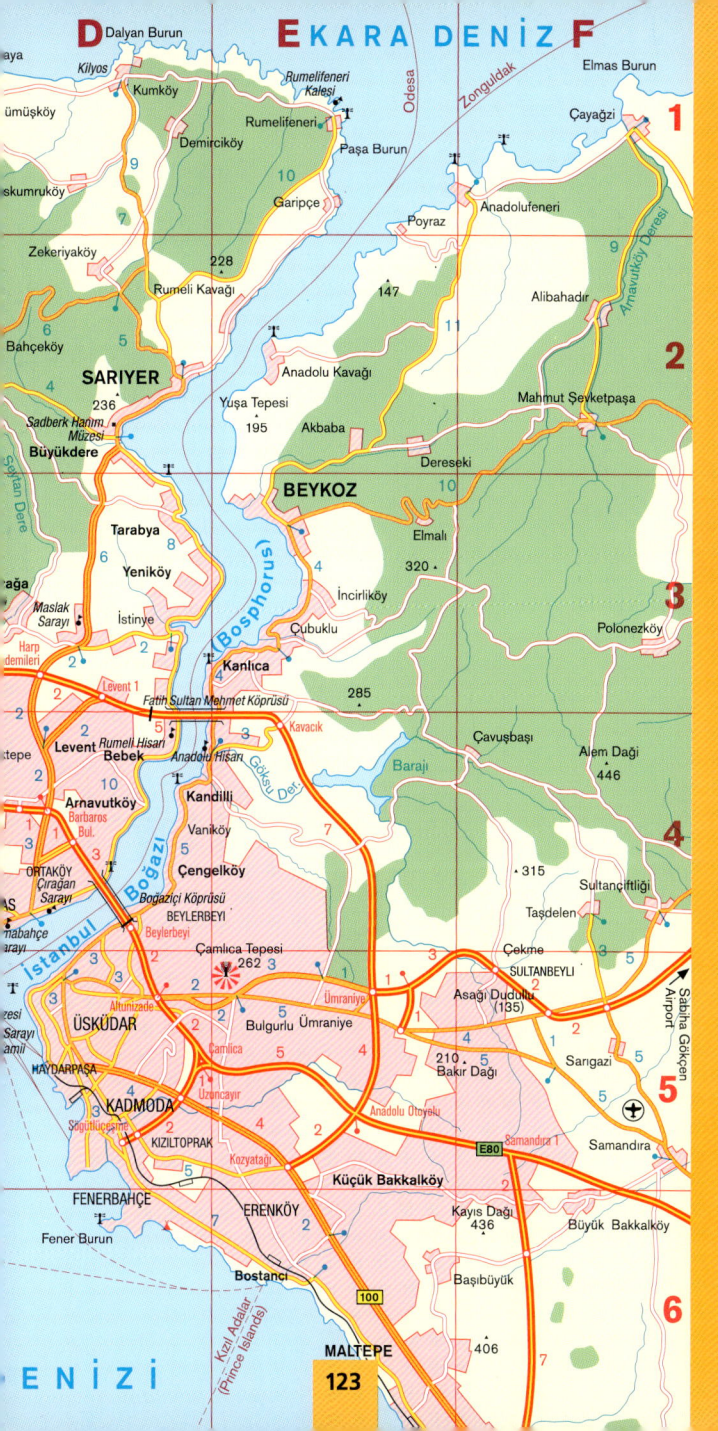

Das Register enthält eine Auswahl der im Cityatlas dargestellten Straßen und Plätze

anzeige

total relaxed in den urlaub: übung für fortgeschrittene

1. schliessen sie die augen und denken sie intensiv an das wunderbare wort „ferienmietwagen zum alles inklusive preise". stellen sie sich viele extras vor, die bei holiday autos alle im preis inbegriffen sind:

- unbegrenzte kilometer
- haftpflichtversicherung mit min. 1,5 mio €uro deckungssumme (usa: 1,1 mio €uro)
- vollkaskoversicherung ohne selbstbeteiligung
- kfz-diebstahlversicherung ohne selbstbeteiligung
- alle lokalen steuern
- flughafenbereitstellung
- flughafengebühren

2. atmen sie tief ein und lassen sie vor ihrem inneren auge die zahlreichen auszeichnungen vorbeiziehen, die holiday autos in den letzten jahren erhalten hat.

sie buchen ja nicht irgendwo.

3. nehmen sie ganz ruhig den hörer, wählen sie die telefonnummer **0180 5 17 91 91** (12cent/min), surfen sie zu **www.holidayautos.com** oder fragen sie in ihrem reisebüro nach den topangeboten von holiday autos!

kein urlaub ohne

holiday autos

MARCO 🌐 POLO

Für Ihre nächste Reise gibt es folgende Titel:

In diesem Register finden Sie alle Sehenswürdigkeiten, Museen und Ausflugsziele sowie bedeutende Persönlichkeiten. Halbfette Seitenzahlen verweisen auf den Haupteintrag, kursive auf ein Foto.

Schreiben Sie uns!

Liebe Leserin, lieber Leser,

wir setzen alles daran, Ihnen möglichst aktuelle Informationen mit auf die Reise zu geben. Dennoch schleichen sich manchmal Fehler ein – trotz gründlicher Recherche unserer Autoren/innen. Sie haben sicherlich Verständnis, dass der Verlag dafür keine Haftung übernehmen kann. Wir freuen uns aber, wenn Sie uns schreiben.

Senden Sie Ihre Post an die MARCO POLO Redaktion, Mairs Geographischer Verlag, Postfach 31 51, 73751 Ostfildern, marcopolo@mairs.de

Impressum

Titelbild: Blaue Moschee bei Nacht (Bilderberg: Bossemeyer)
Fotos: Bilderberg: Bossemeyer (105); Colorvision: Uthoff (50); HB-Verlag (25); R. Hackenberg (2 u., 5 l., 6, 7, 16, 19, 28, 42, 56, 58, 60, 63, 66, 68, 71, 72, 82, 85, 88, 90, 93, 94); laif: Türemis (11, 37, 76, 79, 86), Tophoven (40); Mauritius: Bibikow (48), Kord (4, 35), Mattes (U. l., 22), Raga (5 r., 8, 18), Truffy (U.r., 55); Onlocation/laif: Keribar (17); La Terra Magica (U. M., 39, 75); K. Thiele (46); R. Thomas (2 o., 26, 57, 59); Visum: Arnold (14, 74); M. Zegers (1, 12, 30); Zefa: Tanner (12)

2. (9.), aktualisierte Auflage 2004 © Mairs Geographischer Verlag, Ostfildern
Herausgeber: Ferdinand Ranft, Chefredakteurin: Marion Zorn
Redaktion: Elke Arriens-Swan, Bildredaktion: Gabriele Forst (Leitung), Katrin Schäflein
Kartografie Cityatlas: © Cartographia Budapest
Gestaltung: red.sign, Stuttgart
Sprachführer: in Zusammenarbeit mit Ernst Klett Verlag GmbH, Stuttgart, PONS Wörterbücher
Das Werk einschließlich aller seiner Teile ist urheberrechtlich geschützt. Jede urheberrechtsrelevante Verwertung ist ohne Zustimmung des Verlages unzulässig und strafbar. Das gilt insbesondere für Vervielfältigungen, Übersetzungen, Nachahmungen, Mikroverfilmungen und die Einspeicherung und Verarbeitung in elektronischen Systemen.
Printed in Germany. Gedruckt auf 100% chlorfrei gebleichtem Papier

Bloß nicht!

Wie alle Metropolen hat auch die am Bosporus ihre Schattenseiten

Auf Schlepper, Nepper, Bauernfänger hereinfallen

Man braucht nur einmal in den Großen Basar zu gehen oder durch den Park vor der Blauen Moschee zu bummeln, und schon macht man die Bekanntschaft der *korsan* (Piraten). In der Regel wird man vor einem Lokal oder einem Geschäft angesprochen und über die vermeintlichen Vorzüge des Etablissements aufgeklärt. Neben diesen offensichtlichen Marktschreiern gibt es aber auch Schlepper, die im Gewand der Hilfsbereitschaft daherkommen und Deutsch oder Englisch sprechen: Der eigene Bruder habe ein besonders günstiges Teppichgeschäft oder Hotel, und man solle doch einmal einen Blick reinwerfen. Am besten ignorieren Sie diese Leute, dann können Sie auch keine Fehler machen.

Allzu leichtsinnig sein

Verglichen mit anderen Touristenmetropolen hält sich İstanbuls Kriminalität in Grenzen. Trotzdem sollten Sie auf Taschendiebe achten, die besonders in Sultanahmet, im Basar und in Beyoğlu operieren und Touristen als vorrangige Beute betrachten. Lassen Sie sich auch nicht zu Besuchen Ihnen unbekannter Kneipen oder Diskotheken überreden – es ist vorgekommen, dass leichtsinnige Touristen am frühen Morgen mit einem dicken Kopf und um ihre Geldbörse erleichtert aufwachten.

Bei fliegenden Händlern essen

Fliegende Händler gehören zum Straßenbild der Stadt: Sie bieten von einem »kühlen Schluck Wasser« über einen *simit* (Sesamkringel) bis zu gefüllten Miesmuscheln und Reis die verschiedensten Erfrischungen und Snacks an. Nicht alle sind unrein. Trotzdem: Trinken Sie kein offenes Wasser (auch in Cafés oder Restaurants nicht), und lassen Sie möglichst auch die Fleischspieße des fliegenden Händlers auf dem Grill liegen. Die Sesamkringel sind dagegen ein unbedenklicher Genuss.

Der Spur der Steine folgen

Der türkische Zoll achtet seit einigen Jahren peinlich genau auf die Ausfuhr eventueller Kunst- und Kulturgüter, nachdem das Land von Schmugglern jahrzehntelang hemmungslos ausgeplündert wurde. Dabei kann es vorkommen, dass völlig ahnungslos eingesteckte Steine oder Fossilien am Zoll beschlagnahmt und der Inhaber zu hohen Geldstrafen verurteilt werden. Also: Stecken Sie lieber keine alt aussehenden Steine ein, und nehmen Sie keine Fossilien mit nach Hause!